複言語教育の探究と実践

西山教行・大山万容 編

Kurosio
くろしお出版

まえがき

大山万容

　2001 年に欧州評議会によって CEFR が発表されてから，日本でも複言語教育が論じられるようになった。日本は欧州評議会の（アジアで唯一の）オブザーバー国ではあっても加盟国ではないため，加盟国のように教育について勧告を受ける立場にはない。だから複言語教育を日本で進めるようにアドバイスを受けることもない。それでも実際に多くの人が日本での複言語教育に意義を見出している。改めて，日本で複言語教育を探究すべきなのはなぜだろうか。

　欧州評議会の掲げる「自由・民主主義・人権・法の支配」という基本的価値観は，日本もまたそれを共有するものだが，この前書きが書かれている本年ほど，そのことが意識されたことはないだろう。2022 年に始まったロシアによるウクライナに対する侵略戦争は，日本人の世界観に大きなショックを与えた。多くの日本人が，21 世紀のヨーロッパで，これほどまでの蛮行が起こりうることに強い驚きを覚えた。上記の基本的価値観は世界の常識ではまったくなく，自由を奪い，人権を蹂躙し，民主主義を否定し破壊し，法の支配よりも人による支配によって動く国や個人が存在する。そこで，国際社会の中で生きる日本が，欧州評議会が掲げるのと同じ価値を持ち，それを守る立場にあると表明すべき場面はますます増えている。つまり，日本が国際秩序を傍観するだけではなくて，国際秩序を維持するために努力する国なのかどうかが，ますます問われているのだ。

　国を形成する個々人も，いざという時に自分たちの価値を確認し，それに基づいて動かなくてはならない。そのためには知ることが重要である。なぜなら我々は知ることでしか困難を超えていくことはできないためである。このように，社会全体で価値を守ることと，教育とは大きくつながっている。

一つの国を超えた問題を知るためには言語の学習が必須であり，言語学習を通じて，言語や文化の多様性がもたらす問題とうまく付き合っていけるような力を養成する必要がある。複言語教育はそれを目指すものである。

複言語教育とはカリキュラムの中の言語を複数化させる，つまり履修できる言語の数を増やすだけではなく，学習者が複数の言語を有機的に関連付けながら学べるよう促すことを意味する。これにより，メタ言語知識，いいかえれば「ことばへの気づき」を高め，学校や教室や教師に習うだけでなく，自律的に学べる学習者，自分の力で世界を知る力を持つ個人を増やすことを目指している。

本書のタイトルには「探究と実践」とあるが，教育を考えるとき，この二つは常にペアで進む。実践をふまえずに理念のみを求めることは不可能で，また実践だけがあって理念を顧みなければ，言語教育学の進展はない。本書に収められた九つの論考はいずれもこの二つの観点を行き来するものである。

本書は2部に分けられており，第1部として，複言語教育の考え方をめぐって洗練されてきた概念について検討するものを集めた。第2部は日本での複言語教育の実践や構築のための文脈を明らかにする論考を集めている。いずれも，日本での複言語教育が着実に広がっており，それについての議論が活性化していることを示す。

第1章（西山論文）はCEFRの増補版が出てから特に注目されるようになったmediationの概念について，これを単なる外国語教育の概念から学校教育における概念へと発展させた論考を元に，その意義を論じる。続く第2章（カヴァリ論文）は学校教育の中の言語の多層性について明らかにするもので，教育の複言語主義を検討することにより，教育における言語そのものの解像度を上げるものである。第3章（奥村論文）はCEFRの提唱する複言語主義の意義をわかりやすく提示するとともに，個別の言語教育もその言語の習得だけを目指すべきではなく，包括的なことばの教育として，学習者の持つ言語レパートリーに基づいて行うべきであるとの複言語教育の根本的価

値を明らかにする。第4章（大木論文）は複言語・異文化間教育には多様性を創造性に結びつける仕組みがあることを明解に論じる。これは CEFR や CARAP に見られる能力記述文の解像度を上げるものである。第5章（西島論文）はイタリアにおける複言語主義の展開について検討し，各国の採用する複言語教育の発展にはそれぞれの事情があり，教育理念は常に文脈の上に構築されることを知らしめる。

　第6章（モーア論文）は，日本の小学校で実践されている複言語教育を事例として，言語と内容の学習目標を組み合わせ，カリキュラムと教育計画を概念化し，様々な教育関係者を結びつける方法として，CLIL に替わる PASTEL を提案する。第7章（森論文）は国語科教育と外国語教育の接続の可能性を国語科の成立の経緯と視点から丁寧に論じるもので，教科担任制の始まる中等教育において複言語教育の実践を目指すうえで検討すべき論点を明らかにする。第8章（山本論文）は大学の一般教育における複言語教育の実践から，その効果と日本における意義について詳しく描き出す。第9章（カンドリエ＆大山論文）は複数の言語学習を学習者が「統合できる」ように促すための教授法（統合的教授法）について論じるとともに，日本の大学で行われる初修外国語の教室での実践を報告する。

目　次

第1章

複言語教育のなかの「媒介」の多義性

西山教行

　CEFR(2001)は媒介を通訳や翻訳の働きとしてとらえたが，CEFR-CV(2020)はこの言語活動に例示的能力記述文を加え，共通参照レベルに基づく分類を行った。この一方で CEFR (2001) の著者の1人 Coste は媒介について異なる視点を提出し，CEFR の位置づけそのものを外国語教育だけではなく学校教育へと拡張し，媒介の意義を学校教育そのものに認めるよう主張している。この二つの媒介観は異なると同時に補完的なもので，複言語教育の中での媒介の多義性を明らかにするものである。

キーワード
CEFR，媒介，複言語教育，就学言語，言語教育政策

1.　はじめに

　『ヨーロッパ言語共通参照枠』(2001)（以下 CEFR と略記）のなかで言及された médiation[1] は，CEFR 増補版 (2020)（以下 CEFR-CV と略記）[2] にあたり

新たに例示的能力記述文が追加され，言語教育学上の有力な概念として議論されるようになった。しかし CEFR（2001）にわずか言及されている媒介は突如として CEFR-CV において脚光を浴びたわけではない。媒介をめぐる議論はこの間にも移民教育を含む言語教育の領域で中心的なテーマではないものの，断続的に論じられてきた。

　本章は「媒介」の意義を論ずるにあたり，まず日本での先行研究を振り返り，フランス語の médiation の語義を参照の上で日本語の訳語の妥当性を考察する。その後，欧州評議会による CEFR（2001）以降の言語教育政策プロジェクト「教育における言語，教育のために言語」を概観し，「媒介」の創出の背景を検証する。そして，このプロジェクトとも連動する Coste et Cavalli（2015）を検討し，学校における媒介の意義を分析する。最後に CEFR-CV で追加された媒介機能を論じ，媒介の多義性と可能性を明らかにする。

2.　「仲介」か，「媒介」か

　まず日本におけるいくつかの先行研究を時系列に沿って検討したい。本章は mediation を「媒介」として論じるが，これまでの先行研究は mediation を「仲介」として理解してきた。しかし「仲介」と「媒介」は必ずしも完全に同義ではなく，Coste et Cavalli（2015）の論考や CEFR-CV の議論をたどると「媒介」がより妥当であると考える。

　真嶋（2019）は仲介活動やその能力記述文の紹介にあたり，mediation には定訳がなく「仲介」の他にも「媒介」「橋渡し」「架け橋」「架橋」の可能性も指摘しているが，CEFR の日本語訳に従い「仲介」を使用している。江澤（2020）は CEFR-CV に依拠し mediation を「仲介活動」として紹介し，言語コミュニケーションにおける仲介や仲介者の活動に着目し，スペイン語教育

執筆され，完成後にフランス語に翻訳され公開された。なお CEFR-CV の例示的能力記述文のモデルは 2016 年に試作され，2018 年に *Common European Framework of Reference for Languages: Learning, Teaching, Assessment. Companion Volume with new descriptors* のタイトルで公開され，2020 年には *Common European Framework of Reference for Languages: Learning, Teaching, assessment - Companion volume* のタイトルで若干の修正を加えて最終版として公開された。本章は 2020 年版を参照する。

に仲介活動として通訳・翻訳能力だけではなく，概念やコミュニケーションの仲介活動の導入を検討している。脇田（2021）はドイツの英語試験における mediation「言語仲介」に焦点を絞り，その特徴を検証するとともに，日本人と日本語学習者とのコミュニケーションに関わる日本語教育への応用を検討し，未知の資料の内容を伝達する教案を例示している。櫻井・奥村（2021）は CEFR-CV（2020）の「仲介」mediation の解明に特化し，仲介活動とその方略を考察する。さらに CEFR-CV の仲介に関わる英語による能力記述文を分析し，そこに認められるレベルごとの仲介者の特徴を明らかにする。そのうえで，日本語教育への示唆を探り，学習者の仲介能力を育成するための教師の役割や仲介者としての学習者の可能性を探り，授業実践を示唆している。姫田（2022）は教育心理学や法学，教育学などさまざまな分野に見られる mediation の多義性を踏まえて，日本語の「仲介」という訳語に限定されることのない考察を訴え，個別的で具体的な個人の体験をもとにした複数文化間の仲介の現実をとらえるよう提唱する。しかしながら，仲介以外の訳語を提案するものではなく，Coste et Cavalli（2015）の mediation の定義を参照するものの，そこで論じられている mediation と CEFR-CV との相違点などについても考察していない。西山（2021）はこの二つの mediation を比較検討するが，その検討は限定的で Coste et Cavalli（2015）の提唱する mediation について総括的な議論を行っていない。

　これらの先行研究は CEFR（2001）の日本語訳に準拠し，mediation を「仲介（活動）」と訳している。これは CEFR（2001）が翻訳や通訳といった言語活動のなかで mediation を位置づける限りにおいて妥当であろう。また先行研究は CEFR-CV のなかでの仲介概念の解説を中心とするもので，North, Piccardo, Coste, Cavallli などの他の研究を参照し，「仲介」を総合的，また多角的に検討するものではない。しかし mediation は日本語の「仲介」にのみ対応するものだろうか。そこでフランス語と日本語の語義を比較し，訳語の妥当性を検討する。

　Encyclopédie Universalis といったフランスを代表する百科事典や *Petit Robert* などのフランス語辞典を参照すると，médiation は，1）（労使紛争などの）仲介，（国際的な組織による調停の）手続き，2）（ヘーゲルの弁証法における）媒介，3）（心理学における）媒介などとなっており，また各種の紛争

の仲介などの用例を多く記載している。

　『日本国語大辞典』によれば「仲介」は，1）双方の中に立って，その便宜をはかること，2）第三者が紛争当事者の間に立って解決に努力することである。「媒介」は，1）双方の間に立って取り持つこと，2）論理学でかけ離れた名辞の間に両者を関係づけるような中間項の名辞を与える働き，手続き，3）哲学で，かけ離れた二つの実在を関連付けるために，もうひとつの実在を挿入すること，4）特にヘーゲル哲学で，すべての事物は個々独立になりたっているのではなく，他との関係のなかにあること，などと規定されている。このように日本語の「仲介」と「媒介」を比較すると，「媒介」はより専門用語として使用される傾向にあるようだ。また英語やフランス語では一つの単語（mediation / médiation）によって表現しているものの，日本語では類似しながらも異なる，二つの単語として表現されている。

　フランス語の辞典には言及されているが，日本語の辞典の「仲介」に言及されていない用法として心理学における「媒介」がある。これはロシアの心理学者ヴィゴツキー（1896–1934）の創出した概念装置を指している。ヴィゴツキーは『精神発達の理論』において媒介活動を以下のように論じている（ヴィゴツキー 1970，石黒 2001）。「言語は思考の道具である」と語られるが，言語は記号として思考の媒介となるもので，そこでは記号が道具として思考における媒介活動を行う。記号は心理的道具として人間の内面に向けられた手段であり，この一方で技術的道具は人間の外部に存在する自然の支配や征服に向けられている。このように媒介機能を持つ記号と道具に共通点はあるものの，その方向性は異なっている。

　ヴィゴツキーは媒介についてこのような議論を提出し，これは CEFR-CV における mediation の展開にも影響を与えた。実際，North and Piccardo (2016) は媒介の多義性や多様性を認識し，ヴィゴツキーやその学派の媒介論を広く参照している[3]。このことから，CEFR-CV (2020) が mediation を言

---

[3] この研究の媒介論に関わる箇所はほぼ Piccardo (2012) の再録である。また Piccardo (2012) の後半はヴィゴツキーの媒介論を継承する北米の発達心理学者による媒介論の解釈で，Piccardo (2012) がヴィゴツキー学派の社会文化論を媒介の理論化に援用していることがわかる。しかし CEFR (2001) はそもそも社会文化論に基づく言語教育観を提出しているのだろうか。CEFR (2001) はヴィゴツキーを参考文献に挙げていないものの，著

語コミュニケーションの次元だけでとらえるのではなく，認知活動の一環としてとらえていることがわかる。そこで本章では，mediation を「仲介」ではなく「媒介」としてとらえ，より広い角度から議論を進めたい。次節では，媒介に関わる議論がどのような文脈から発生したのかを，CEFR 以降の欧州評議会の言語教育政策の展開をたどりながら探りたい。

3. CEFR 以降の言語教育政策の歩み

　欧州評議会は 2001 年に CEFR を刊行して以降，複言語主義に基づく言語教育を唱道し，専門家の協力のもとに加盟各国に向けて「言語教育政策プロファイル」の作成を進めてきた。これは各国の言語教育政策の現状を調査し，複言語主義の実現に向けた言語教育政策を提言するもので，2002 年のハンガリーを皮切りに，2017 年のアルバニアの調査まで 18 の国や地域（イタリアのヴァッレ・ダオスタ，ロンバルディア），都市（イギリスのシェフィールド）について行われた。このプロジェクトは教科教育に使用する言語や学校に教科として存在する言語，あるいは国や地域などに存在するものの，学校には存在しない言語などあらゆる言語変種に関わるもので，より包括的な角度から言語教育を考察するものだった。このことは，CEFR の提唱した複言語主義があくまでも学校教育において外国語（異言語）を学習し，外国語教育の枠内で母語プラス 2 言語の習得を目指す教育を前提としていたが，この前提に再考を迫る契機になった。それまで欧州評議会の言語教育政策の対象はもっぱら外国語教育だったが，この調査研究以降，次第に外国語だけではなく，教育に関わる言語全体へと方針を拡充する。

　この調査は，学習者の複言語能力とは外国語教育によってのみ実現するものだけではなく，移民の子どもたちや少数言語話者などが家庭で使用する言語と学校の教育言語の組み合わせによっても既に実現している「内在型複言語能力」を次第に明らかにするものだった。CEFR が提唱した複言語能力は，学校教育のなかで学習者が外国語を学習し，獲得することにより成立する「外在型複言語能力」であり，学習者が家庭や地域といった学校教育の枠

者たちはヴィゴツキーの社会文化論に関する何らかの知見を持っていたかもしれない。しかし，その推測をもとに CEFR の著者が社会的行為者や媒介といった概念を導入したと結論づけることにはいささか飛躍があるのではないか。

組みの外で自然習得などにより獲得した言語との組み合わせにより学校教育以前に，あるいはそれと並行して獲得している「内在型複言語能力」を対象とするものではなかった。

2003 年に刊行された『ヨーロッパ言語教育政策ガイド』(Beacco et Byram 2003) はヨーロッパ各国の言語状況を踏まえて複言語主義の射程を明らかにし，複言語教育学ならびに言語教育政策の意義を詳述した。CEFR は複言語主義を提唱したものの，教授法も含めてその詳細を十分に展開するにいたらず，CEFR の準備研究にあたる Coste, Moore et Zarate (2009 [1997]) の成果を十全なかたちで取り入れたものでもなかった。そこで『ヨーロッパ言語教育政策ガイド』は「言語教育政策プロファイル」などの成果を踏まえ，複言語教育政策を外国語教育に限定することなく包括的に論じ，その方向性を明らかにしている。

近代ヨーロッパにおける学校は「国語」による「国民」の創出をはかる国家装置として機能し，言語文化の統合や統一を進めてきた。そのため，地域語や移住者の出身言語は学校教育において排除されるか，排除されないまでも国語と同じ地位が与えられることはなく，多言語主義の主張する言語文化の多様性との親和性は低い。

CEFR の刊行以降に国際情勢はさらなる変化を遂げ，中東やアラブ世界の民主化運動などを受けて，難民や移民が大量に発生し，その多くがヨーロッパに向かったことから，ヨーロッパ社会の多文化化は加速した。その結果，学校では国語を話さない子どもたちが激増し，学校で使用される言語そのものの位置づけが社会的課題となっていった。移民の社会統合を進めるためには，移民の子どもたちの言語的統合も不可欠だが，それと同時にホスト国の言語の学習だけではなく，子どもたちの第一言語を排除しないことも課題となっていった。

移住者や少数民族出身などの学習者は学校教育で使用される国語や公用語を第一言語としないことから，彼らの言語は学校教育の中に取り入れられることはなく，またその価値が積極的に評価されることも少なかった。しかし，就学言語 [4](langue de scolarisation)を第一言語としない子どもたちが，就

---

4 「就学言語」（としてのフランス語）とは，フランスに到着して間もない非フランス語話

学言語を第一言語とする子どもたちと言語文化環境についても同じような条件のもとに学校文化に関与できるような教育制度の整備は社会的公平性を確保し，民主的ヨーロッパの構築を進めることにつながるもので，欧州評議会の掲げる人権，民主主義，法による支配の目的に結びつく。

　このような政治的社会的文脈のなかで欧州評議会は 2005 年に新たなプロジェクト「教育に関わる言語，教育のための言語」の実施を決議し，2006年の政府間会議「就学言語－ヨーロッパに向けた枠組み」から研究プロジェクトを開始した。この国際会議は事前研究を参加者に周知し，この新たな「枠組み」が各国に与えうる反響を討議することにあった。ここで既に「枠組み」という用語が使用され，これはこのプロジェクトと CEFR との継続性や共通性を示唆している。実際，2007 年にプラハにおいて開催された政府間会議「教育言語のためのヨーロッパ枠組みのなかでの就学言語－学習・教育・評価」はこのプロジェクトを「ヨーロッパ枠組み」と明言し，これがCEFR の次のプロジェクトであることを明確に位置づけた。この会議でコストは「教育言語と就学言語－参照枠に向けた展望」と題する講演を行っている（Coste 2007）。

　ここでの「就学言語」とは教科教育の媒介となる言語を指す。Coste（2007）はこれに加えて，教科としての国語や外国語を包摂する上位概念として「教育言語」langue de l'éducation を提起する。就学言語は標準化され，規範化されており，学校に入学する生徒にとって，はじめての書記言語である。これは認知の媒介であるとともに認知の対象でもあり，就学言語の習得こそが学業の成否を左右する。少数言語話者や移民の子どもなどの社会的弱者の学業成績が振るわなかった場合，これまではその原因を子どもの認知能力や学習能力のためと見なすことが多かった。しかし，それ以上に就学言語の不十分な理解や習得が学業の失敗の要因となっているのではないか。フランスではフランス語以外の言語を第一言語とする生徒の数が決して少なくな

者移民の子どもを対象として，学校教育のなかで学ぶ国語としての，コミュニケーションのための，また教科学習のためのフランス語を指す概念である。この概念は Vignier（1992）が提出し，その後 2002 年にフランス国民教育省の官報（n. 2002-100, 25/4/2002）によって公認された。これに対して，「就学言語」とは学校教育での教授に使用される媒介言語で，学習者が新参の移民であるかなどとは関連がない。

い。たとえその子どもが就学言語を使った日常生活に困難を感じないにせよ，つまり子どもにホスト国の国語の生活言語能力があるにせよ，学校とは抽象的な認知能力を必要とする場であり，日常言語とは異なる論理や語彙，言説構造などを駆使する言語生活の場である。移民や少数言語話者などの社会的弱者にとって，就学言語の獲得は社会的成功を遂げるために不可欠である。就学言語は多様な領域を横断する言語で，各教科には固有の言語リソースがあり，それ自体多元的な価値や機能を保持している。また教育言語は教室におけるコミュニケーションの道具でもあり，知識の伝達手段であるとともに，教科として学習の対象でもあり，国語として教育・学習にあたっては，言語についての省察にも関わるメタ言語機能の役割も担っている。

コストは就学言語の抱える課題をこのように分析し，複言語能力を個人の内部に養成するためには子どもの第一言語を教育言語の世界に積極的に受け入れ，教育言語の多元的価値を認識することが重要であると訴える。

プロジェクト「教育に関わる言語，教育のための言語」は10年余りの間に，140余りの文書を作成し，より包摂的で民主的な社会を構築するための言語教育について討議を重ねた。その中でも2009年に公開した『複言語・異文化間教育のためのリソースと参照のプラットフォーム』(Division des politiques linguistiques 2009. 以下『プラットフォーム』と略記) は，2006年に開始した新たなプロジェクトが構想した教育言語に関わるCEFRの成果であり，Coste (2007) が提起した課題に対する解答のひとつといえる。

CEFRは個別の外国語教育の評価について新しい構造を与えたが，外国語と国語，あるいは就学言語の関連を考察の主題としていなかった。それに対して，この『プラットフォーム』はその欠落を補い，外国語のみならず，少数言語，地域語，移民の出身言語，国語など，学校に関わるあらゆる言語を対象とし，それらの言語の教育，あるいはそれらの言語を媒介とした教育を学校教育のカリキュラム内部で相互作用をうながすよう統合的にとらえ，複数言語の関係性において複言語能力の養成を進めようとしている。

複言語教育を構成する言語はまず就学言語であり，これは教科としてそれ自体が学習の対象になるとともに，他の教科を学ぶための言語としても機能する。この二つの機能を持つ言語と並んで，外国語ならびに古典語教育があり，それらはコミュニケーションを目的にすると同時に，人文主義的な価値

を持つ。これらに加えて，地域語，少数言語，移住者の出身言語も複言語教育の一翼を担っている。このような言語は教育の対象となることもあれば，教科教育の媒介言語となることもあり，また学校教育で直接に使用されなくとも，その存在が学校に承認されている場合もある。しかしこれらの言語も教育に直接に関与する言語と同じ価値を有するもので，学校教育はこのように複言語主義的な言語観をはぐくむ場でもある。

　『プラットフォーム』はこのように学校をめぐる言語の多様性を明らかにし，それらの関係性のなかで複言語教育を考察した。ここでは媒介が独立した項目として論じられているわけではないが，就学言語の抱える課題は教科教育の媒介として言語の価値に通底している。そしてこのような問題意識はコストが考察する媒介の多義性とも無関係ではない。そこで次節ではコストが中心となってとりまとめた，学校に見られる媒介機能の考察をたどる。

4. 『教育・移動・他者性―学校の媒介機能―』にみられる媒介

　欧州評議会は CEFR の予期せぬ反響の大きさに応えるため，また社会環境や言語教育をめぐる環境の著しい変化のため，CEFR の増補版を計画していった。しかし，これはあくまでも増補であり，複言語・複文化主義や行動中心アプローチ，例示的能力記述文，共通参照レベルなど CEFR の根幹そのものに関わる教育観に変化をもたらすものではない。

　North and Piccardo (2016) によれば，増補版のプロジェクトは 2013 年から 3 年間にわたり実施され，1) 例示的能力記述文の刷新と補充，2) 媒介の能力記述文の作成，3) 年少者向けの能力記述文の収集，4) CEFR の理論的枠組みの再検討の 4 項目に展開し，Coste et Cavalli (2015) は (4) の取り組みの成果である。とはいえ Coste et Cavalli (2015) には先行研究 Coste (2009) があり，これを併せて参照することにより，Coste et Cavalli (2015) の理解は進む。

　Coste (2009) は媒介と他者性の結びつきを考察するもので，まず CEFR の提唱した 4 つの能力 savoir，すなわち「叙述能力」savoir，「ノウハウ」savoir faire，「態度」savoir être，「自律学習」savoir apprendre のなかでも「自律学習」に注目する。CEFR は言語使用者の一般能力を 4 つの savoir に分類するものの，「自律学習能力」savoir apprendre に関する考察は少ない。そこで Coste (2009) はこれまでの自律学習に関する研究とは異なる角度からこ

の能力に注目し，自律学習の実践，つまり新たな事柄の学びは他の3つの能力（叙述的能力，ノウハウ，態度）が協働するととらえる。

　欧州評議会の言語教育政策のなかで自律学習は生涯学習との関連で論じられることが多く，必ずしも日本のように授業外学習との関連で語られるものではない。知識社会のなかで，学習は学校生活が終わってからも生涯にわたり続く。また外国語能力は職業能力の一環であり，学校教育のなかだけで完結するものではない。学習者は職業生活のなかでは教師や教室といった学校を離れて，自らのイニシアティブに基づき，学習目標を定め，教材を選定し，自発的に学習を行い，その成果を自己評価する（Carton 2011）。自律学習はこのような一連の学習を構想し，そこでは知識やノウハウ，態度がすべて動員される。

　次に Coste（2009）は CEFR の中での媒介に注目する。媒介の特徴は通訳や翻訳など言語の言い換えや伝達にあるが，媒介者は他の言語への媒介にあたり，受け手の言語を考慮し，受け手に新しいメッセージが容易に獲得されるよう振る舞う。つまり受け手にとって新しいメッセージとは新たな未知の情報であることから，その情報がよりよく受け入れられるよう，メッセージの内容を変えることなく，受け手にとって違和感の少ない，なじみのある形態へと変容させる必要がある。これを外国語教育の文脈に敷衍するならば以下のようになるだろう。

　外国語教育の文脈では，外国語は獲得すべき新たな知として，いわば見知らぬ「他者」として出現する。しかし学習者が外国語という未知の「他者」に出会うときに，それが異質で排除すべき他者とならないように，「他者」である教師は学習者と外国語の出会う場に介入し，学習者と他者としての外国語の間を媒介する必要がある。学習者は学校で新たな知識を獲得し，異なる文化を発見し，新たな人間や共同体と出会い，知を共有し，行動し，新たな環境に親しみ，新たな作品を評価する。このような知の発見が繰り広げられるのは外国語教育だけに限られたものではなく，すべての教科教育に共通する。Coste（2009）は，このように学校教育の現場で行われている教育の営みを媒介と他者性の概念から分析する。

　ここで Coste（2009）が他者性と媒介，教育という3つの概念を CEFR との関連で論じるのは，CEFR で示された複言語・複文化主義の教育観を拡張

し，改めて学校教育の文脈へと位置づけるためである。とりわけ言語コミュ
ニケーションの中にほぼ限定されていた媒介を，他者性としての知，つまり
未知の知を獲得する学習者との関係性のなかに改めて位置づけ，媒介をより
大きな教育活動の文脈に総合している。新たな知，未知の知とは認知面では
学習者にとっていわば遠く離れたところに存在し，新たな知と学習者の間に
は大きな隔たりがある。そこで教師は媒介者として学習者と新たな知の間に
存在する距離を縮める。媒介とは未知の人や事柄を既知のものとする働きで
あり，二つ以上の存在の間に横たわる距離を縮め，場合によっては，両者の
間での紛争といった危険性を取り除き，さまざまな他者を結びつけ，関係性
を確立することでもある。

　Coste et Cavalli（2015）は『教育，移動，他者性—学校の媒介機能—』と
いうタイトルが明示しているように，媒介を補助線として学校，移動，他者
性の関係を明らかにする。そして媒介の機能を言語教育から学校教育全体へ
と拡大し，移民や外国人に対する包摂的で統合的な教育という観点からこの
機能を深化させる。ここでの移動とは留学といった従来のモビリティにとど
まるものではなく，転職や転校，進級，進学，さらにはネット上のヴァー
チャルな移動をも想定する。

　ところで，これまでの国民教育において学校は国民統合を作り出す装置で
あり，ひとつの国語を使用する国民を創出してきた。多様なものや，多言語
といった異質なものは国民教育から排除される傾向にあった。ところが現代
は多文化社会を生きており，社会には多文化が共存している。そして個人も
また複数文化を生きているが，これは個人の内部においても個人が複数の文
化を越境し，意識の有無にかかわらず，異なる文化の間を移動していること
を意味する。

　学校や社会，さらには個人の内部における既知の場から未知の場への移動
を論ずるにあたり，そこには調整が必要になることもあれば，カルチャー
ショックのようなショックを巻き起こす移動もある。学校の中でこの移動が
行われる場合，媒介者となるのは教師だけではなく，学校という場そのもの
が媒介の役割を果たすことにもなる。言い換えるならば，学習とは新たな知
識や文化といった，それまで未知のものだった他者性を獲得する営みに他な
らない。既知のものと未知のものを結びつける作用が媒介の働きであるなら

ば，媒介者とは言語に関わる教師，通訳，ジャーナリスト，ガイドなどだけではなく，移民の統合を支援する民間団体の関係者なども移民の出身国とホスト国を結びつける媒介者になるだろうし，さらには人間だけではなく，外国語辞典も複数の言語を結びつける点で媒介の機能を持っている。同様に教科の教科書もまた学習者を未知の知に結びつける媒介の役割を果たしている。このほかにも教育において媒介はさまざまな局面で機能しており，移民の子どもを受け入れる入門クラスや，留学先の語学学校のクラスもまたホスト国と出身国の間での媒介を果たしている。ただし，いずれの場合にも言語が媒介の重要な役割を果たしており，教師や何らかの他者がその場に介入し，未知のものへの道標を作っている。

　Coste et Cavalli (2015) の提起する媒介論はこのように外国語教育の枠組みを大幅に超え，学校教育や社会の中にも媒介の働きを認める。このような媒介観は具体的な教授法を提示するものではないが，これまでとは異なる教育観を示すもので，言語教師にとって自分の職務や位置づけを見直すための指標になるであろう。コストはこのような媒介は例示的能力記述文や共通参照レベルとは異なる次元に展開すると述べ，CEFR-CV の媒介に関する能力記述文に一線を画している（コスト 2021）。ではコストの媒介論は CEFR-CV と何ら関連がないのだろうか。次節では CEFR-CV の媒介観を検討する。

5.　CEFR-CV に見る媒介の位相

　本章ではこれらの媒介概念の教育学的意義を探るため，North and Piccardo (2016) を参照する。この研究は欧州評議会言語政策部が実施した 2014 年から 2016 年にかけてのプロジェクト研究のひとつの成果で，その成果は CEFR-CV (2020) の媒介活動の編集に取り入れられた。いわば CEFR-CV が媒介を教授法の観点から提示するのに対し，North and Piccardo (2016) は言語教育学的観点より媒介を分析し，その学問的背景を明らかにしている。

　North and Piccardo (2016) は，これまで CEFR (2001) は媒介を言語間の活動にほぼ限定して取り扱ってきたとの見解に反して，CEFR (2001) が通訳や翻訳といった言語間の専門的な媒介だけではなく，異言語話者間でのコミュニケーションなど，より一般的な媒介についても言及しており，相互作用を通じた意味の共同構築や言語学習のなかでの個人と社会のやりとりを無

視しているわけではないと主張する。というのも CEFR-CV (2020) が掲載している受容・産出・相互作用・媒介から構成された言語活動の図は CEFR 試用版 (Conseil de la cooperation Culturelle, Comité de l'Education 1997) にさかのぼるもので，CEFR (2001) は CEFR 試用版 (1996) の図を省略したものの，その解説を踏襲し，4 つの言語活動のなかでの媒介の重要性を評価しているためである。

　とはいえ CEFR (2001) は媒介を CEFR-CV (2020) ほど明示的に語っているわけではない。なぜ CEFR (2001) は媒介について限定的に論じるにとどまっているのだろうか。これには歴史的な理由があるのではないか。CEFR (2001) は 1990 年代に構想や編集が進められていたことから，その時代の言語教育の潮流を考慮に入れる必要がある。この時代はコミュニカティブアプローチの全盛期で，学習者の母語や文化を考慮に入れる教授法は発展しておらず，もっぱら単一言語主義を基調とする普遍主義的な言語教育が論じられてきた。フランス語教育についてみると，「外国語としてのフランス語」français langue étrangère (FLE) の時代で，フランスで考案されたフランス語だけを活用する単一言語主義的な教授法がどこの国でも利用できると考えられていた。これは言語の多様性を前提とし，それを振興する「言語教育学」didactique des langues の興隆する以前のことで，教師は目標言語のネイティブであれば，どこの国でも同じように外国語教育に従事することができると想定され，学習者の母語との関連を考えるような通訳や翻訳はむしろ外国語教育のなかでマージナルな地位を占めていた。このような単一言語主義的な外国語教育観が一般的であったために，媒介は議論の対象となりにくく，CEFR (2001) は媒介を積極的に展開しなかったのかもしれない。

　また媒介を重視しない傾向は，欧米におけるヴィゴツキー受容の動向と関係があるのかもしれない。欧米において，とりわけアメリカにおけるヴィゴツキー研究は 1990 年代になって活性化し，研究が進められた (柴田 2006)[5]。CEFR (2001) の著者の一人 North は自身の博士論文にヴィゴツキーの『思

5　『思考と言語』は 1962 年に英訳され，フランス語版は 1985 年に，媒介を論じる『精神発展の理論』の英訳は 1978 年に，フランス語訳は 2014 年に刊行された。アメリカでは 1980 年代から 90 年代にかけてヴィゴツキー著作集が刊行され，ヴィゴツキー再評価の動きが高まった。

考と言語』を参考文献として掲げているが，論文のなかでの具体的な引用はなく，CEFR（2001）自体もヴィゴツキーを参考文献に掲げていない。

　CEFR-CV の新機軸は媒介機能に関する能力記述文の作成である。CEFR（2001）は媒介能力に言及するものの（4.4.4.），口頭あるいは書記テキストの処理に必要な翻訳や通訳，要約，言い換えなど対話者間の仲介に限定し，例示的能力記述文を提示していない。CEFR-CV はこの欠落点を批判的に発展解消し，意味の構築や伝達といった認知機能ならびに人間関係を築きあげるうえでの媒介機能，ならびにそれらに対応する方略を開発し，五技能に匹敵する地位を媒介機能に与えている。

　CEFR-CV が媒介能力に注目するのは，これがコミュニケーション活動の中で受容と産出のいずれにも関わるためだけではない。媒介能力は言語に関わるだけではなく，複数の文化にも関わるもので，異なる言語や文化の衝突などを避ける仲介者にも求められる。さらには教育現場においても新たな知の獲得を仲介する者，すなわち教師や，やりとりを通じて談話の意味を協働で構築する仲介者，すなわち学習者にも必要な能力と定めている。つまりここでの媒介能力とは，未知の存在や知識など，主体から物理的，心理的，認知的に距離のあるものと主体を結びつける機能を持つもので，CEFR の言及したような言語に限定された媒介機能を拡充している。この視点は Coste et Cavalli（2015）の論点にも対応している。

　CEFR-CV（2020）は媒介を媒介活動と方略に分類し，媒介活動はさらにテキストの媒介，概念の媒介，コミュニケーションの媒介の 3 種類に分割している。また媒介の方略としては，概念を説明する方略と，テキストを簡単にする方略に分割され，これがそれぞれさらに詳しい例示的能力記述文を従えている。

　North and Piccardo（2016）の主張する媒介観はヴィゴツキー（学派）を踏襲するもので，社会構築主義に基づく言語学習である。ここでの社会構築主義とは，人間関係が現実を作り上げ，さまざまな交渉ややりとりが言語を通じて現実を構築するとの立場で，社会に本質的な実在を認める本質主義と対立する（ガーゲン 2004）。これまで言語学習とは個人の内的な営みで，言語を習得した後に社会のなかで，社会に向けて使用すると考えられてきた。しかし社会構築主義に基づく言語学習はその方向性を逆転するもので，言語を

社会のなかで，社会との，つまり他者との相互作用を通じて習得し，次いでそれを内在化すると考える。CEFR-CV はそのような言語教育学習観に立脚し，North and Piccardo（2016）の主張に従えば，媒介も社会構築主義のなかでとらえる必要がある。

　媒介は言語的，文化的，社会的，教育的媒介の４つの次元に展開する。言語や文化の媒介とは複数の言語文化の間で展開する。文化的媒介はある言語から別の言語へと翻訳や通訳が行われるときに，それと同時にある文化から別の文化へと移行することを意味する。しかしこの文化間の移行が理解され，把握されるためには文化そのものに対する目覚めが必要となる。つまり学習者や媒介者みずからが出身文化の特性に気づき，目標文化との差異や類似性に目覚める必要がある。

　では社会的媒介は何を意味するだろうか。これは一人ではコミュニケーションを行うことのできない人々の間でのコミュニケーションを支援するもので，複数の関係者の間に存在する溝を埋めて，誤解を取り除く作業を意味する。このような営みは媒介者としてのオンブズマンの働きに近い。オンブズマンとは主に行政を監視し，行政と市民の間の仲介を行う専門家で，フランスでは 1973 年から 2011 年までの間 médiateur de la République（共和国調停官）という官職が存在した。またフランスでは médiateur（仲介者，媒介者，調停者）が企業などの労使関係や司法などでの紛争の解決に関わる専門職として確立している。媒介の社会的背景には紛争や対立の仲裁，調停といった働きが存在する。

　North and Piccardo（2016）は媒介の社会構築論上の機能に加えて，媒介が言語使用の社会的な場として機能することを Zarate（2003）に基づき主張する。Zarate（2003）は，媒介には新参者に新しい場の状況を説明することや，緊張関係にある関係者の間の仲介，さらには言語文化の対立を避けた第 3 の空間を媒介者が活性化すると指摘する。ここでの第 3 の空間とは対立する両者の場とは異なる場であり，そこからは自他の文化と一定の距離をとって，それらを批判的に評価することができる。第 4 の教育学的媒介は，CEFR-CV（2020）が例示的能力記述文として展開する活動で，言語教育において学習者が知を獲得できるよう支援，協働，関連付けなどを行う。

　このように媒介はさまざまな作用に関わり，複層的な概念であるが，教育

において知の獲得そのものに関わる。

6. 結論として

　本章は mediation「媒介」をめぐり言語教育学の議論をたどってきた。ま
ず先行研究を振り返り，mediation の訳語について「媒介」の妥当性を検証
した。次いで言語教育学に「媒介」の概念が登場する文脈を CEFR（2001）
以降の欧州評議会の言語教育政策の中で検討した。それを受けて Coste et
Cavalli（2015）の提起した媒介の議論を考察し，最後に CEFR-CV（2020）の
提示する媒介を North and Piccardo（2016）等を援用しながら論じた。

　CEFR 増補版をめぐるプロジェクトから二種類の媒介に関する研究が提出
されたことになるが，これらは矛盾しているのだろうか。Coste et Cavalli
（2015）の後に公開された North and Piccardo（2016）は，両者の調整は限定
的であり，必ずしも対応するものではないと認めている。また Coste et
Cavalli（2015）は外国語教育の枠組みを脱し，学校教育のなかに媒介の機能
を位置づけたのに対し，North and Piccardo（2016）の媒介論は公的，個人的，
教育的，職業的領域に展開し，教育に留まらないとも主張する。さらに
North and Piccardo（2016）はそもそも媒介に関する能力記述文の作成を目的
としていたのに対し，Coste et Cavalli（2015）は能力記述文の作成を目的と
しておらず，「民主主義文化のための能力」といった他の言語教育政策から
も着想を得ており，その目的も同一ではない（Conseil de l'Europe 2016）。こ
の一方で Coste et Cavalli（2018a）は，能力記述文の作成に向けた North らの
量的研究には敬意を表すものの，そもそも複言語・複文化能力や媒介活動に
ついて共通参照レベルによる段階分けが妥当であるとは判断していない。む
しろ例示的能力記述文の作成には懐疑的な態度をとっており，その点で二つ
の研究は相補的な関係にある。

　このように時系列をたどりながら媒介を検討することにより，言語コミュ
ニケーションに限定されていた媒介の概念が，次第に介入の領域を拡大し，
その意義を外国語教育から言語教育や教育制度そのものへと拡大してきたこ
とがわかる。CEFR-CV によれば，媒介機能は言語教育の中核であり，単な
る技能のレベルを超えて，言語学習観そのものを構築するもので，Coste et
Cavalli（2018b）の議論の一部もそこに収斂する。

　これまで CEFR は例示的能力記述文や共通参照レベルのわかりやすさが国際社会への圧倒的な普及を可能にする要因だった。では媒介活動を重視し，受容，産出，相互作用，媒介の四言語活動を主張すれば，これは従来の四技能を塗り替えるのだろうか。日本の言語教育事情を念頭におくと，筆者はこれについて極めて懐疑的であると言わざるを得ない。というのも社会構築主義に基づく言語教育学習は理論的には極めて魅力的ではあるものの，学習者自らが主体的に意味を構築するなど，実践には多大な時間を要すると思われるからだ。とはいえ CEFR-CV の提示する媒介の能力記述文やそのレベル分けは，妥当性を議論しない限りでわかりやすく，実践への応用も考えやすい。これに対して Coste et Cavalli (2015) の提起する媒介は教育観としては意義深く，教師に自らの役割の再考を迫るものだが，必ずしも単純で明快なものではない。

　言語コミュニケーションの中で媒介活動を重視するならば，これは日本で従来から実践されてきたものの，コミュニケーションのための外国語教育のなかで批判の的となった「訳読」に新たな焦点を当たることになるだろう。ヨーロッパでは直接教授法やコミュニカティブアプローチが学習者の第一言語を教室から排除してきたが，日本には「訳読」の形態で複数言語の媒介を実践してきた歴史がある。これまで「訳読」は弊害が語られることが多かったものの，それをあらたに意義づける試みはあまりなかった。しかしながら，新たな言語教育政策の展開のもとでの媒介の理論をもとに訳読を再考するならば，日本の言語教育に文脈化された媒介活動の創出に役立つかもしれない。

文　献

石黒広昭「発達に対する社会歴史的アプローチ―ヴィゴツキー学派―」中島義明（編）
　　（2001）『現代心理学「理論」事典』p. 815. 朝倉書店.
ヴィゴツキー，柴田義松訳（1970）『精神発達の理論』p. 243. 明治図書.
江澤照美（2020）「日本のスペイン語教育と仲介活動（Mediation）―『CEFR 増補版』
　　からの検証―」『ことばの世界：愛知県立大学通訳翻訳研究所年報』12, 59–70.
ガーゲン，ケネス・J, 東村知子訳（2004）『あなたへの社会構成主義』p. 367. ナカニシ
　　ヤ出版.（Kenneth J. Gergen（3d ed 2015）, *An invitation to social construction*, London:
　　Sage.）

コスト，ダニエル，大山万容訳（2021）「CEFR とスイスのアーミーナイフ—その概念から使用まで—」西山教行，大木充（編著）『CEFR の理念と現実—理念編　言語政策からの考察—』pp. 45–79. くろしお出版.

櫻井直子・奥村三菜子（2021）「*CEFR Companion Volume with New Descriptors* における「仲介」に関する考察」『日本語教育』178, 154–169.

柴田義松（2006）『ヴィゴツキー入門』p. 207. 子どもの未来社 .

姫田麻利子（2022）「複数の所属と新しいことば—言語教師の文化間仲介（Intercultural mediation）—」『語学教育研究論叢』39, 85–95.

西山教行（2021）「CEFR はなぜわかりにくいか— CEFR の成立とその構造—」西山教行，大木充（編著）『CEFR の理念と現実　理念編—言語政策からの考察—』pp. 19–43. くろしお出版.

真嶋潤子（2019）「外国語教育における到達度評価制度について— CEFR 初版 2001 から 2018 補遺版 CEFR-CV まで—」『外国語教育のフロンティア』2, 1–13.

脇田里子（2021）「ドイツのアビトゥア試験英語科目における「言語仲介」問題分析—日本語教育での「言語仲介」導入のために—」『アカデミック・ジャパニーズ・ジャーナル』13, 45–53.

Aden, J. et Weissmann, D. (coordonné) (2012) *Études de linguistique appliqué, La médiation linguistique : entre traduction et enseignement des langues vivantes*, n. 167.

Beacco, J.-C. et Byram, M. (2003), *Guide pour l'élaboration des politiques linguistiques éducatives en Europe : de la diversité à l'éducation plurilingue, version intégrale*, Strasbourg : Conseil de l'Europe.

Buttjes, D. and Byram, M. (edited) (1991), *Mediating languages and cultures: towards an intercultural theory of foreign language education*, Clevedon, Avon; Philadelphia: Multilingual Matters.

Carton, F. (2011) « L'autonomie : un objectif de formation », *Le Français dans le monde. Recherches et applications,* n° 50.

Conseil de la coopération culturelle, Comité de l'Education (1997), *Les Langues vivantes : apprendre, enseigner, évaluer. Un Cadre européen commun de référence. Projet 2 d'une Proposition de Cadre*, Strasbourg : Conseil de l'Europe.

Conseil de l'Europe (2016), *Compétences pour une culture de la démocratie - Vivre ensemble sur un pied d'égalité dans des sociétés démocratique*, Strasbourg : Conseil de l'Europe.

Coste, D. (2007), « Langues de l'éducation et langues de scolarisation : perspectives pour un cadre de référence », in *Rapport Langues de scolarisation dans un cadre européen pour les langues de l'éducation : apprendre, enseigner, évaluer, conférence intergouvernementale, Pragues, 8-10 novembre 2007*, Strasbourg : Conseil de l'Europe.

Coste, D., Moore, D. et Zarate, G. (2009 [1997]), *Compétence plurilingue et pluriculturelle, Version révisée et enrichie d'un avant-propos et d'une bibliographie complémentaire*, Strasbourg : Division des Politiques linguistiques.

Coste, D. (2009), « Postface Médiation et altérité » *Lidil Revue de lingustique et de didactique des langues*, 39.

Coste, D. et Cavalli, M. (2014), « Extension du domaine de la médiation », *Lingue Culture Meidazioni*, 1–2.

Coste, D. et Cavalli, M. (2015), *Education, mobilité, altérité Les fonctions de médiation de l'école*, Strasbourg : Conseil de l'Europe.

Coste, D. et Cavalli, M. (2018a), « Migration et politiques linguistiques éducatives, Le rôle majeur de la méditation », *European Journal of Language Policy* 10.2.

Coste, D. et Cavalli, M. (2018b), « Retour sur un parcours autour de la médiation », *Recherches en didactique des langues et des cultures Les cahiers de l'Acedle, 15–2.*

Council of Europe (2020), *Common European Framework of Reference for Languages: Learning, teaching, assessment: Companion volume*, Strasbourg : Conseil de l'Europe.

Division des Politiques linguistiques (2006), *Rapport Langues de scolarisation : vers un cadre pour l'Europe, Conférence intergouvernementale, 16-18 octobre 2006*, Strasbourg : Conseil de l'Europe.

Division des politiques linguistiques (2009), *Plateforme de ressources et de références pour l'éducation plurilingue et interculturelle*, Strasbourg : Conseil de l'Europe.

Lévy, D. et Zarate, G. (2003), *La médiation et la didactique des langues et des cultures, Le Français dans le monde. Recherches et applications* (n° special, janvier).

North, B. and Piccardo, E. (2016), *Developing illustrative descriptors of aspects of mediation for the Common European Framework of Reference (CEFR)*, Strasbourg : Conseil de l'Europe.

Piccardo, E. (2012) « Médiation et apprentissage des langues : pourquoi est-il temps de réfléchir à cette notion ? », *Études de linguistique appliquée*, n. 167.

Unité des Politiques linguistiques (2001), *Le Cadre européen commun de référence pour les langues (CECRL)*, Strasbourg: Conseil de l'Europe.

Vignier, G. (1992), « Le français langue de scolarisation », *Études de linguistique appliquée*, n. 88, pp. 39–54.

Zarate, G., Gohard-Radenkovic, A., Lussier, D., Penz, H. (2003), *Médiation culturelle et didactique des langues*, Strasbourg : Conseil de l'Europe.

Zarate, G., Levy, D. et Kramsch, C. (dir.) (2008), *Précis du plurilinguisme et du pluriculturalisme*, Paris : Éditions des archives contemporaines.

第2章

就学言語と複言語
―教科ごとの知の構築における言語の役割と機能―

マリザ・カヴァリ／倉舘健一（訳）

英語はまさにグローバルな学術コミュニケーション言語として世界的に台頭しているが，移民現象の増加から，欧米各地では多言語クラスが増加しており，学生の多様化による使用言語の問題が提起されている。そこでこの論考では，特に義務教育における教育と言語の問題を複言語の視点から考察する。このために「言語教科」だけではなく，就学において重要な「言語以外の教科における言語」の重要性を論じ，次に学術言語（アカデミック・ランゲージ）の機能および特徴について明らかにする。この中心となるのは，あらゆる学習者に向けた知へのアクセスを確保することの重要性である。

キーワード
学術言語（アカデミック・ランゲージ）・就学言語・教科教育の言語・CLIL・複言語

---

1. はじめに

　言語と知の関係には，高い関心が向けられている。その理由はさまざまである。英語はまさにグローバルな学術コミュニケーション言語として世界的に台頭しているが，問題がないわけではない。知の国際的な伝達を促進することは重要だが，いまや，この単一の言語以外にも使用可能な伝達手段は様々ある。例えば，通訳や翻訳は，新しいテクノロジーによってますます容

易になった。あるいは，国際共通語としての英語（English as a Lingua Franca）学習という考え方（Seidlhofer 2013）は，他の言語教育のほか，多少なりと離れた言語間での相互理解（Intercomprehension）（Escudé & Janin 2010）にも余地を与える。その優れた例には，オランダ・ユトレヒト大学人文学部が採用した「受信言語 lingua receptiva」（D ten Thije *et al.* 2017）[1]という概念がある。

　グローバル化と関連して学術研究が国際化するにつれ，大学レベルにおいて使用される言語の問題が提起されるようになった。大学は知が組織的に構築されるとともに発展する場であり，また学生の多様化が進んでいるためである。このため，イタリアやフランスといったヨーロッパの国々では，いくつかの大学で実施されている英語での大学教育に関して白熱した議論が行われている[2]。

　本章は，義務教育[3]に焦点を当てて教育と言語の問題について考察を行う。さまざまな移民現象の結果，欧米では至るところで多言語クラスが増加しているからである。これらの考察の中核にあるのは，あらゆる学習者に対しての知へのアクセス確保の重要性である。それはすべての学習者が，公平で質の高い教育を受ける権利でもある。そこで，言語と知の関係について，複言語の視点から検討したい。

1　（訳注）Lingua Receptiva（LaRa）は，話し手がそれぞれ異なる言語を使用し，互いに相手の言語を十分に聴解できる多言語コミュニケーションの一種で，相手の言語を話す必要はない。英語のような国際共通語を使用する場合と比較して，LaRa の使用の利点は，外国語スキルの要求度が軽減できるほか，コミュニケーションの容易さ，アイデンティティの重要性にも関わる。LaRa はそもそも，ビジネスや教育の現場，またプライベート圏で使用されている。さらには欧州委員会が設定した多言語目標達成の手段となりうる観点からも注目される。https://students.uu.nl/en/hum/lingua-receptiva

2　イタリアでは，授業を完全に英語で行い，イタリア人学生に英語で試験を受けさせたり，大学のカリキュラムに関連したレポート類を英語で書くよう強要することは，イタリア共和国憲法に違反していると判断されている。

3　ユネスコの国際教育種別分類では，就学前教育：ISCED 0，初等教育：ISCED 1，前期中等教育：ISCED 2，後期中等教育：ISCED 3 に対応する。

2.　言語と教科ごとの知

2.1　複言語・異文化教育のためのプラットフォーム

　ここではまず，欧州評議会の言語政策部門が構想した膨大なプロジェクト「教育の複数言語 – 教育のための複数言語 Languages of Education - Languages for Education」（2006年～ 2016年頃）の枠組みの中で，欧州評議会が開発した，複言語・異文化教育のためのプラットフォームのスキーマの分析から考察したい（図1参照）。

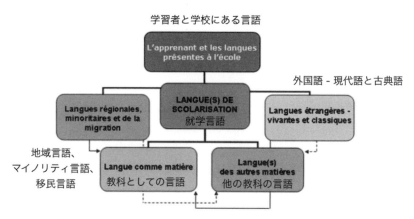

図1　複言語・異文化教育のためのリソースと参考文献のプラットフォーム

　この図式化からは，状態の異なる多様な言語が教育・学習に提供されるすべての可能性を，全体的かつ相互に関連づけて考慮できる。大まかな分類は次のようなものである。

- 就学言語（国語，あるいは複数の国語のうちの多数派言語であることが多い）[4]
- 地域言語や少数言語，移民の言語（学習者によって第一言語であるが，就学言語はむしろ第二言語である）。
- 外国語（古典語も含む）。

4　図中での複数形は，二言語あるいは複数言語での教育の可能性を意味する（後述）。

これらの言語はそれぞれ，2つの異なる様式で，学校で教授される。

- **教科としての言語**：言語教育の通常の領域，つまり，識字教育（通常，多数派言語で行われる），言語に関する分析と考察，様々な言語スキル（口頭および書記での理解・産出活動・仲介）における能力開発，リテラシー，文学などの領域で行われる。
- **言語以外の教科の言語**：教科ごとの知の構築の手段として使用される。

後者の「言語以外の教科の言語」は，多数派言語では「必修科目」として，地域言語，少数言語，移民の言語，外国語では「選択科目」として教えられることが多い。これは前者の「教科としての言語」とともに就学言語を構成していることから，ここでの考察の対象となる。

図1に戻ると，一番上には，児童・生徒自身と，その児童・生徒が学校に持ち込む言語とがあるが（「学習者と学校にある言語」），これは中心的重要性を持つために頂点に置かれている。児童・生徒たちがレパートリーとする言語が，この頂点の枠のなかにしか存在せず，学校で教授されていない場合には，「引き算」型（Lambert & Tucker, 1972）の「正当化されない」バイリンガリズムに至り，すると学習者の第一言語は消滅する運命にある。このような場合，学校はこれらの児童・生徒から，彼らが生まれながらに経験してきた言語の使用を奪い，その就学言語としての学びへの多大なメリットだけでなく，彼らのアイデンティティや社会的発展，また学業での成功のための多大なメリットをも奪うことになる。

図の中心にある「就学（の第一）言語」は，大多数の学習者の第一言語か，国語であることがほとんどである（例えば，日本での日本語や，フランスでのフランス語が該当する）。

学習者のレパートリーにある言語が教科として教授されることもあるが，それは最も幸運な場合である。地域言語，少数言語，移民言語，外国語が教科ごとの知の構築に貢献する場合，就学言語として2言語が共存し，バイリンガル教育が行われるが，対象となる教科の数，これらの教科での言語使用の度合い，就学年数におけるこれらの言語の使用期間などに応じて，その形態は極めて多様になる。

　外国語が他の教科の言語として使用される場合，それらの大多数は CLIL
（Content and Language Integrated Learning）型の試みとみなされる。多くのイ
マージョンまたはバイリンガル教育（そしてその全てではないにせよ，CLIL
の試み 5)）が，先行研究や資料としてまとめられてきているが，そこではモノ
リンガル教育の場合よりも就学言語の重要性が強く認識されているようであ
る。実際，このようなイマージョン教育こそが，複数の言語と複数の教科と
の関係をバイリンガルの観点から深めることに最も貢献していると言えるだ
ろう。これは，2 言語間の能力ギャップ，つまり，地域言語・少数言語・移
民言語では，一方では児童・生徒の第一言語と就学言語の間の，また他方で
は外国語と就学言語の間のギャップ，そしてそれに加えて通常言語と学術言
語の間のギャップが，1 言語のみを使用するモノリンガル教育の場合よりも
はるかにはっきりと表れるからである。

　最後に用語上の問題に触れておきたい。特に CLIL では，言語以外の教科
を「言語以外の教科 disciplines non linguistiques」と呼ぶのが一般的である。
これらの教科で実際に教授されるものには，純粋に学術的な要素に加え，言
語的・談話的・テクスト的な側面を強く含んでいるということを正しく認識
する必要があるが，この術語では本来の目的を誤解される可能性がある。ま
た他の術語としては，Gajo（2007）の「非言語的と称される教科 Disciplines
dites non linguistiques」や，さらに抜本的な提案となる，ダニエル・コスト
の「言語周知教科 disciplines notoirement linguistiques」といった術語もある。
とはいえ，これらはこの状況の改善への努力としては評価できるものの，単
に「教科」や「言語以外の教科」といった術語使用から，目に見えるほどの
変化は認められないようである。

2.2　就学言語において忘れられがちな「教科における言語」

　欧州評議会が前述のプロジェクト「教育の複数言語—教育のための複数言
語」において，教科における言語的側面についての考察を提唱したことは偶

5　注目すべき例外としては，「ディープ・ラーニング」の研究を目的とする欧州評議会の
　「Graz グループ」と呼ばれる活動（Meyer *et al.* 2015）がある。このプロジェクトの詳細は
　以下を参照されたい。https://pluriliteracies.ecml.at/Home/tabid/4231/language/en-GB/Default.
　aspx

然ではない。欧州評議会はこの次元の重要性を強調するために勧告[6]を行い，考察のためのハンドブック（Beacco *et al*., 2016）を開発して教師教育を方針づけている。言うまでもなく欧州評議会が取り組む主要分野のひとつが人権問題であることから，この方針に従ってさまざまな活動が導き出されている。その最終目的の中心には，あらゆる学習者に対しての公平で質の高い教育を受ける権利の確保があるからである。

　相当数の児童・生徒たちが，恵まれた社会層に属する場合は特に，家庭で言語教育を受けることで学校で使用される書記言語に近いレパートリーを持つようになるとしても，それ以外の児童・生徒たちのほとんど，主に労働者層に属する場合には，児童・生徒は口頭言語が主流の文化の中で育つ（Lahire, 2000）。様々な教科の知にアクセスするためには，学校の定型的な言語使用に適応する必要があるが，こうした児童・生徒が持つより具体的で口語的な言語は，その障碍やハンディキャップとなることがある。こうした理由から，学校の倫理的・道義的義務として，必要なリテラシーをあらゆる児童・生徒が得られるよう，こうした就学言語の使用を教授することが求められる。さまざまな教科の言語的次元は，したがって，こうした教科が教授される言語とは独立した明確な教育目標となり，また，特化した活動対象となる。

　あらゆる教師がこのように，それぞれ教える教科ごとに異なる方法で，このリテラシーの構築に貢献する。しかし，そのためには，適切な教師教育を受けて，それぞれの教科の言語的側面を認識し，それを考慮して児童・生徒に教授するための教授法を習得する必要がある。

　とはいえ，欧州評議会の仕事や，この領域での学術的な進歩があるとはいえ，ヨーロッパ各地の実際の教室においては，就学の第一言語を含む教科担当教師の間でさえも，この次元に対する認識や感性が十分に周知・一般化されていないことは認めざるを得ない。いずれにせよ，この問題は，移民の大量受け入れという現実を前にしたヨーロッパでの喫緊の課題であり，あらゆる児童・生徒，とりわけ就学言語が外国語や第二言語である，つまりもとも

6　CM/Rec (2014) 5：教育の公平性と質および教育の達成に向けた就学（複数）言語能力の重要性に関する加盟国への勧告。

との言語的レパートリーがすでに複言語である児童・生徒に対し，学校や就学上の知へのアクセスを確保する必要がある。

　しかしながら，こうした認識や感性が省庁からの通達の中で明らかに確認できるような教育制度においてすら，教師教育の初段階でこのようなトレーニングを受けていない教科担当教師らに対し，これらを広く浸透させることは容易ではない。

　以下では，就学言語の特徴，つまり「学術言語（アカデミック・ランゲージ）」と呼ばれるものをより正確に定義することを試みたい。この分析は，児童・生徒たちに寄り添ううえでなすべき仕事について考えるとともに，教師養成および現職教師の研修の目的を定義づけるためにも必要である。

3.　学術言語（アカデミック・ランゲージ）

　まず欧州評議会の活動枠で練り上げられた 2 つの定義を用いて広く学術言語を定義してみよう。

> 学術言語（アカデミック・ランゲージ）– 就学言語のもう一つの側面である [...] は，学校で使用される様々な地域や国の言語だけでなく，<u>深く考え，アイデアを発想し比較するために必要とされる，より専門的でフォーマルなタイプの言語使用</u>[7]を意味する。学校制度の言語的要件，またさらに仔細には，それぞれの教科の学習要件については，たとえ第一言語が就学言語である児童・生徒であっても，そのみながこれらを満たしているわけではない　　　　　　　　　　　（Beacco *et al.*, 2016: 12）。

　この定義は，学術言語の 2 つの特徴，つまり，より特定的で，抽象的で，概念化の発見的側面に関連している点で就学言語とも異なり，また日常的な使用方法とも異なることを強調する。

　次の定義は，学術言語のもつ，さまざまな教科の横断的な多様性を強調する。そしてこの多様性とはつまるところ，就学言語に内在する一種の複言語主義を示している。

7　強調のため下線を施した。

　学習者の第一言語と就学言語が一致することが多い場合でも，児童・生徒たちは学校で別種の複言語状況に直面していると言える。つまり，学校で使う言語とは，それがどれだけ多様性に配慮して使用されるにせよ，その子が社会化の最初期に経験したものとは，多かれ少なかれ実際に異なるものなのである。また同様のケースでも，すべての学習者が同じ経験をするわけではない。社会経済的に恵まれない背景を持つ子どもたちは，学校で使われているものとは明らかに距離のある言語レパートリーを持っていることが多いからである。　（Cavalli & Coste, 2017: 40）

　この 2 つの定義はいずれも，この言語次元が教育の対象として特化されるべき事実を示している。

3.1　学術言語（アカデミック・ランゲージ）の機能

　さまざまな教科教育が，それぞれの内容に形を与えるために，長い期間をかけ，学術言語を精巧に練りあげ，このように通常の言語使用とはかけ離れた言語使用を採用してきたのはなぜだろうか。この「アカデミック」な言語には，通常の言語使用だけでは成し遂げられない特化された機能があるのだ。

　Heller & Morek（2015）によれば，学術言語は次の 3 つの一般的機能を果たす。1）知識伝達手段としての「コミュニケーション」機能，2）思考構造化の支えとなる「認識論的」機能，そして最後は 3）社会的機能である。学術言語は，地域・国家・国際といった共同体における社会生活に積極的かつ意識的参加に必要となるツールを提供するのだ。

　Beacco *et al.*（2016: 23）もまた，上記と似た 3 つの機能を捉えている。すなわち，1）コミュニケーション（事実，文脈，複雑なトピックなどの伝達），2）思考の構造化（精巧に練り上げられた思考や抽象概念や概念形成を表現可能にしたり，さまざまなアイデアのあいだでの一貫性を確立したりする），3）受け手に応じた談話構築（個人的関与を回避する，遠方の受け手の理解を促進する，データに基づいた議論を行う，意味にニュアンスを施す，モダリティを使って断定や不確実性を表すなど）である。

　これらの機能は，表現の仕方は異なるものの，Halliday や選択体系機能言

語学（SFL）による言語の 3 つのメタ機能の分け方に対応している。すなわち，1)「界（champ）」（つまり全体的な出来事，経験の領域，テーマ）を参照する（論理的，経験的な）観念的メタ機能，2)「文面（teneur）」（これは対話者との関係のタイプによって決まる）に関連する対人的メタ機能，3)「モード（mode）」（つまり口頭あるいは書記，またテキストのジャンルなど）に関連するテキスト的メタ機能である（Halliday & Hasan, 1976: 22）。

3.2　学校教科における言語をめぐる議論―これまでの理論的貢献

　言語と知の構築との関係はこれまでにも考察されてきており，学術言語について考えるうえでの様々な理論的貢献がある。ここではそれらを網羅するのではなく，思索するうえで，また教室での実践のうえでの基礎となると思われるものに軽く触れるに留める。

　特に負うところが大きいのは，ヴィゴツキー（Vygotskj, 1997）と社会構成主義者の理論である。

・ 言語はなによりもまず社会的な活動であり，そののち個人の内面的な活動となり，そして思考を媒介する最も効果的な手段としてとどまるという考え方
・ 日常的な概念（経験によって構築される）と学術的な概念（言語と抽象化によって媒介される）の区別
・ 最近接発達領域（Zone of Proximal Development：ZPD），つまり，学習者が一人で学べることと，仲間や経験豊富な大人の助けを借りて実現する跳躍（効果的なスキャフォールディングがその基礎となる）との境界線について

　ブルーナーのスキャフォールディングという概念（Wood *et al.* ,1976）は，言語や教科を超えて知を構築するうえで果たすこととなる，効果的かつ有能な支援者としての教師の役割を考察する手段を与えてくれる。
　バーンスタインは，学術研究の構造について考察し（Bernstein, 1999），水平方向の談話（＝日常的）――文脈と暗黙の了解とに結びついている――と，

垂直方向の談話（＝科学的）——首尾一貫していて，明確で，体系的な原理に触発されたもの——とを区別する。これにより，学術的な談話の特異性を問うことができる。

　カミンズは Cummins 1983, 2000, 2008 で，BICS（Basic Interpersonal Communication Skills）と呼ばれる，日常的なコミュニケーションを可能にする言語レベルの非常に短期間（約 2 年）で習得されるものと，CALP（Cognitive Academic Language Proficiency）と呼ばれる，認知的に最も要求度の高いアカデミックな内容を習得できるレベルの約 5 ～ 7 年で習得されるものとを区別する。この違いは，一部の移民の学習者が，会話能力（BICS）があるために，言語能力や認知能力（CALP）がまだ備わっていないにもかかわらず，教科内容に問題なく対処できると勘違いしてしまうことを理解するうえでの基本となる。カミンズのもう一つの重要な貢献は，文脈の重要性についての考察，ならびに学校で課されるタスクの難易度についての貢献であり，これにより学習者の言語能力と認知能力のレベル，および彼らの真のニーズに即したスキャフォールディング活動を調整できるようになった（Cummins, 1981）。

　その他，選択体系機能言語学，またそれを利用し，学校教科における典型的なテキストおよび談話ジャンルが定義されたが，これに関わった研究者らがもたらした寄与は言うまでもなく重要なものである（Halliday をはじめ Halliday & Martin, 2015, Christie and Derewianka, 2008, Schleppegrell, 2004, Martin & Rose, 2012 など）。

3.3　教室での学術言語（アカデミック・ランゲージ）と談話活動

　教科学習においては，口語と文語の間に「連続体モード（mode continuum）」（Gibbons, 2009）で談話が構築されることを考慮に入れたうえで，学術言語の構築／脱構築を区別することが重要である。実際，教室ではさまざまな出来事が生じ，談話とテキストとが交錯し，児童・生徒と教師はその場に参加し，やりとりをしていく。口頭表現と理解（教師が単独で行う説明や，対話型授業でのインタラクティブな説明，学習者同士のやりとり，議論や討論，単独もしくは複数の学習者による発表，質問や討論）から，だんだんと書記での理解や表現（メモ取りと要約，教科書やオーセンティックなテキストの読解，テキスト記述）へと，流動的に変化していく（Beacco *et al.*, 2016: chap 3）。

　教室の口頭でのやりとりでは，1) 日常的談話，2) 教師の教育的な談話，そしてこれらの結果としての 3) 学術言語という，少なくとも 3 種類のタイプの談話が交錯しているが，書き言葉のやりとりでは一般に学術言語がもっとも見られる。

　このように教室内では様々なタイプの談話が交錯しているが，一般的には 1) の通常の言葉づかい，つまり日常的談話が新たな概念の導入には適している。なぜならこの談話からは児童・生徒の知識，表象，経験を引き出すことができるからである。2) の教師の教育的談話では，通常の談話に加えて論説的な形式（例えば定義）や専門的語彙，特定の言い回しなどが徐々に導入されていく。そうすることで，児童・生徒の側でも次第に「アカデミック」な談話になっていき，必ずしも到達しないまでも，学術的談話に近づくことができる。

　言語活動以外にも，地図や素描，図表，グラフなど，記号的な手段が数多く存在し，言語を補完する形で概念的な意味を伝えることができる。なかでも，ジェスチャー，ボディランゲージ，具体的なオブジェ，概念表現のツールなどが役立つ。読解を行うとき，こうしたものを利用することで，教科間で全く異なるような文章やイメージのあいだの行き来を促し，相互作用がもたらされる。

3.4　学術言語（アカデミック・ランゲージ）の特徴

　学校の各教科における学術言語の主な特徴は以下のようにまとめることができる。

> （…）こうした［学術］言語は，教科の枠組みの中での独自の認識論的機能を備えた談話タイプを配置することによって，また，専門的な語彙，特定の論理的修辞法，さまざまな関連性，前もって計画された教育活動に沿って「自然なことば」を用いながらも人工的な「言語活動」（数学，化学，物理などでの特有の言い回し）を使用することで成り立っている。これに加えて，多種多様なそれぞれの概念的・表象的な手段（グラフ，概念マップ，地図，表，図，絵，図案の下書き，等々）がある。
>
> （Cavalli & Coste, 2017: 40–41）

　さらに仔細に見るならば，通常のインフォーマルな言語とは対照的に，複雑で長い文章，非人称的表現，受動表現，抽象的用語，名詞化，複雑な複合語，特定の比喩表現や慣用表現の頻度の高さ，極めて明瞭な表現，低い冗長性，凝縮された文章，メッセージの複雑性などをその特徴として挙げることができるだろう（Beacco *et al.*, 2016: 2）。

3.5　書かれた学術言語（アカデミック・ランゲージ）の構成要素

　教科の言語や内容について論じようとするとき，まずそれぞれの術語的な側面が思い浮かぶのはよくあることである。実際，学術言語は概念習得に不可欠なもので，その教科の基本的な術語を知らなければ，しっかりと内容を理解することはできない。教科上の概念を伝えるために，専門用語はなくてはならないものである。そのため，ワードファミリー，派生語，同義語，類義語に関わるすべての活動が重要である。しかし，この側面ばかりに囚われていると，当然のことながら，児童・生徒が遭遇するであろう他の言語上の問題を考慮することができなくなってしまう。

　学校の教科とは，実際には，「口頭と書面とによるさまざまな談話ジャンル」で構成されているが，それらは教科とその教育に使用される言語によって異なっている。これらの談話には，特定のレジスターが使われ，各教科の言語の典型的なテクニカルな言語使用，修辞的な慣習，文法パターンが使われている。各教科のジャンルであるが，これらは「談話やテキストのマクロシークエンス（Bronckart, 1985 and 1996）とその様々な配置」から構成されている。このことから，歴史学的談話では語りと議論とが交錯し，対照的に自然科学的な談話ではむしろ現象の記述と説明がより頻繁に行われていると考えられる。しかし，より詳しくみていくと，自然科学的談話でも，例えば，科学者の人生や自然科学上の発見の歴史のようなシークエンスでは語りに頼ることになり，逆に，歴史学的なテキストでも，例えば，ピラミッドの説明といった場合には記述的なシークエンスに，ピラミッドの機能や構造といった場合には説明的なシークエンスとなるといったこともある。

　口頭であれ書記であれ，談話のなかで，また談話を構成するシークエンスのなかでは，言語は言語行為理論でいうスピーチ・アクトに近いかたちの談話認知機能を果たしており，これが言語教師と教科教師の協働を形成する場

となり得るだろう。Dalton-Puffer (2013) はこれについて 7 つの「タイプ」を挙げている。すなわち，分類する，定義する，記述する，評価する，説明する，探索する，報告する，である。そしてそれぞれについて異なる活動に細分化する。例えば，「分類する」には，比較する，対照する，対応させる，構築する，類型化する，包含するなどの活動が含まれる。このように談話認知機能を詳細に分析することにより，児童・生徒がこれらの談話機能を教科ごとに適切に使用するために教師が行わなければならない言語教育上の指導の全体像が捉えられるようになる。

　学術言語には，「構文レベル」での特殊性もある。さまざまな教科の言語は，日常的な対面の言語使用に比べて，個人的ではなく，より抽象的で，語彙的な凝縮度が高く，構造化されており，名詞化や，複雑な名詞句や複合語の使用，従属構文の使用，体系的な文法的メタファーの使用（Halliday & Matthiessen, 2013）などの複雑な技法を駆使している。その他にも，それぞれの教科ごとに，より詳細に分析したり，細かく分解して吟味することが必要なものもある。また児童・生徒たち自身でこれらを再現することが必要なものもしばしばみられる。

4.　さまざまな教科の言語的側面に関する学校の取り組み

　学術言語の特徴，構成要素，言語的要素を見てきたが，こうした教育の実施をあらゆる教科で計画するには，全ての教師による次のような一連の教育的アクションが必要となる。まず，教科学習の教授目標やタスクを設定する際に，言語的に期待されるものを明確にすること。次に，教室で言語を意識的に使用すること。また，教室での交流や児童・生徒が自分を表現する機会を増やすこと。そして，学術的な論述についてのスキルの習得，また学術的な論述についてのストラテジーやジャンルの習得をスキャフォールディングすることである。さらには，言語的に適切なサポート（テキスト，さまざまなメディア，教育 / 学習教材）を使用すること。そして最後に，学術言語やコンテンツについての達成度を評価する際に言語的な側面に注意を払うことなどである（Beacco *et al.*, 2016 : 135–140）。

　それぞれの教科には，その教科を統制する独自の認識論（エピステモロジー＝科学哲学）に基づいた，知を自然言語にコード化するための方法があ

るとしても，協働のための基盤を構成する横断的要素は存在する。たとえ
ば，授業でのコミュニケーションの型がある。あるいは，言語的かつ認知的
機能があり，口頭ではやりとりやディスカッションなどを行うとともに，書
記では学術的なジャンルばかりでなく，非学術的なジャンルについても，読
んだり，産出活動を行う。さらには，構文レベルでの調整（非人称的なトー
ンを使う，抽象化する，名詞化する，日常言語よりもはっきりと構造化す
る，従属構文を使用する，文法的なメタファーを使用する，論理関係や時間
関係を明示する連結語を使用する，等々）なども挙げられる。

　各教科においてはそれぞれ異なる方法で扱われるものを，これらの観点に
よって，互いに対照し，一致したかたちで捉えることができる。

　このような作業を費用対効果の高い方法で行うには，学際的な枠組みのな
かで，領域横断性を持つ教師たちが作業するに限る。二言語／複数言語によ
る知識教育や CLIL プロジェクトの場合，使用する 2 言語の教師と関係する
教科の教師の間で作業されるべきである。現職教育の研修に関しては，教
師，教科教授法の専門家，言語学者が協力し，学術言語教育に関するアク
ション・リサーチ・プロジェクトを実施することにより，堅固な研究活動を
行うことができるだろう。

　教科ごとの教科書やテキストについても，この共通アプローチの採用が望
まれる。次のような様々な段階を踏んでいくことが考えられるだろう。ま
ず，授業を行う教師のガイドを受けて分析することにより，脱構築によって
これらのテキストの学術的ジャンルを集合的に「解体」し，これによりその
内容を深く理解するとともに，そこで行われている言語的プロセスの批判的
分析を目指す。次に，その「解体」した学術的ジャンルを集合的に（再）構
築し，徐々に指導を弱めていく（まずクラス全体で教師のスキャフォール
ディングを受けながら行い，そのあとは小グループで行うなど）。そして最
終的には，これらのジャンルを自律的かつ個別的に制作する（Lin, 2016,
Rothery & Stenglin, 1994）。このような段階を踏むことで，学習者は批判的
な方向性も含めて，ジャンルやテキストをコントロールし，使いこなせるよ
うになる。

5.　結論

　本章が呼びかけるのは，現在の言語的課題を過小評価することなく，積極的にこれに関与することである。これは人類の知の未来にも関わる。学術的産出活動における（単数／複数の）国語使用を保護すること，また児童・生徒たちに複言語的な知の構築を涵養すること，さらには英語のみに流れる代わりに，各国の著作物の普及と（自動翻訳を含む）現行の翻訳慣行の促進などが求められる。

　教科教育の言語の問題は，大学にとっては最も利益の高く，最も将来性のある学際的な研究領域のひとつである。いかなる教科であれ，それがまた二言語／複言語教育，就学言語教育，あるいは CLIL の方法論に沿った外国語での教科教育に関わるにせよ，変わりはない。そしてこの領域における基盤となるのは，これらの研修が，さまざまな教科の言語的側面を担当教師らが考慮していくために，学際的な協力体制のもとで実施されるということである。

　根本には，就学言語に注意を払い，教室でその言語を明確に教えることが，なによりも全人への教育の公平性と質を担保する手段となる，ということがある。そのために特化された指導は，言語理論や教育理論に基づき実施できる。だからこそ，研究者と現場のアクター（つまり教師や児童・生徒）が協力し，アクションリサーチを行い，これらを教室実践に応用していくことが極めて有効なのである。

文　献

Beacco, J.-C., Fleming, M., Goullier, F., Thürmann, E. & Vollmer, H. (2016). *Les dimensions linguistiques de toutes les matières scolaires: Un guide pour l'élaboration des curriculums et pour la formation des enseignants*. Conseil de l'Europe, Unité des Politiques Linguistiques, Strasbourg.

Bernstein, B. (1999). Vertical and horizontal discourse: An essay. *British Journal of Sociology of Education, 20*(2), 157–173.

Bronckart, J.-P. (1985). *Le fonctionnement des discours – Un modèle psychologique et une méthode d'analyse*. Neuchâtel – Paris: Delachaux et Niestlé.

Bronckart, J.-P. (1996). *Activité langagière, textes et discours – Pour un interactionisme socio-discursif*. Lausanne – Paris: Delachaux et Niestlé.

Cavalli, M. & Coste, D. (2017). L'éducation plurilingue et interculturelle comme projet éducatif pour les sociétés d'aujourd'hui, in J.-C- Beacco et D. Coste, *L'éducation plurilingue et interculturelle – La perspective du Conseil de l'Europe, Collection Langues & didactique* (pp. 28–24). Paris : Didier.

Christie, F. & Derewianka, B. (2008). *School discourse: Learning to write across the years of schooling.* London: Continuum.

Conseil de l'Europe (2014). *l'importance de compétences en langue(s) de scolarisation pour l'équité et la qualité en éducation et pour la réussite scolaire: recommandation CM-Rec (2014) 5 et exposé des motifs.*

Cummins, J. (1981). The role of primary language development in promoting educational success for language minority students. California State Department Education (Ed.) *Schooling and language minority students : A theoretical framework* (pp. 3–49). Los Angeles, Evaluation, Dissemination and Assessment Center California State University.

Cummins, J. (1983). Language proficiency and academic achievement. J. W. Jr. Oller (Ed.) *Issues in language testing research* (pp. 108–126). Rowley, MA: Newbury House.

Cummins, J. (2000). *Language, power and pedagogy: Bilingual children in the crossfire.* Clevedon: Multilingual Matters.

Cummins, J. (2008). BICS and CALP: Empirical and theoretical status of the distinction. Street, B. & Hornberger, N. H. (Eds.) *Encyclopedia of language and Education, 2nd Edition, Volume 2: Literacy* (pp. 71–83). New York: Springer Science + Business Media LLC.

Dalton-Puffer, C. (2013). A construct of cognitive discourse functions for conceptualising content-language integration in CLIL and multilingual education. *European Journal of Applied Linguistics, 1*(2), 216–253.

Escudé, P. & Janin, P. (2010). *Le point sur l'intercompréhension, clé du plurilinguisme*, Paris, Clé International.

Gajo, L. (2007). Linguistic knowledge and subject knowledge: How does bilingualism contribute to subject development? *International Journal of Bilingual Education and Bilingualism, 10*(5), 563–581.

Gibbons, P. (2009). *English learners, academic literacy, and thinking: Learning in the challenge zone.* Portsmouth, NH: Heinemann.

Halliday, M. A. K., & Hasan, R. (1976). *Cohesion in English.* London: Longman.

Halliday, M. A. K., & Matthiessen, C. M. I. M. (2013). *Halliday's introduction to functional grammar*, 4th edition. London; New York: Routledge.

Halliday, M. A. K., & Martin, J. R. (2015). *Writing science: literacy and discursive power.* London; New York: Routledge.

Heller, V. & Morek, M. (2015). Academic discourse as situated practice: An introduction. *Linguistics and Education, 31*, 174–186.

Lahire, B. (2000). *Culture écrite et inégalités scolaires: Sociologie de l'« échec scolaire ».* Lyon: Presses universitaires de Lyon. (édition électronique 2019).

Lambert, W. E. & Tucker G. R.（1972）. *Bilingual education of children: The St. Lambert Experiment*. Rowley: Newbury House.

Lin, A. M. Y.（2016）. *Language across the curriculum & CLIL in English as an additional language（EAL）contexts: Theory and practice*（1st ed. 2016 edition）. Springer.

Martin, J. R., & Rose, D.（2012）. *Learning to write, reading to learn: Genre, knowledge and pedagogy in the Sydney school*. Bristol, CT; South Yorkshire: Equinox Publishing.

Meyer, O., Halbach, A .& Coyle, D.（2015）. *A pluriliteracies approach to teaching for Learning: Putting a pluriliteracies approach into practice*. Graz: ECML.

Rothery, J., & Stenglin, M.（1994）. *Spine-chilling stories: A unit of work for junior secondary English*. Sydney: Metropolitan East Disadvantaged Schools Program.

Schleppegrell, M. J.（2004）. *The language of schooling: A Functional linguistics perspective*. Mahwah, NJ: Routledge.

Seidlhofer, B.（2013）. *Understanding English as a Lingua Franca*. Oxford: Oxford University Press.

ten Thije, J. D., Gooskens, C., Daems, F., Cornips, L. & Smits, M.（2017）. Lingua receptiva: Position paper on the European Commission's Skills Agenda. *European Journal of Applied Linguistics, 5*(1), 141–146. https://doi.org/10.1515/eujal-2017-0003

Wood, D. J., Bruner, J. S., & Ross, G.（1976）. The role of tutoring in problem solving. *Journal of Child Psychiatry and Psychology, 17*, 89–100.

第3章

日本語教育と複言語教育の接続
—日本語教育にもたらす課題とインパクト—

奥村三菜子

　2019 年の「改正出入国管理法」および「日本語教育推進法」の施行を受け，日本国内では CEFR を参照した日本語教育の標準化に向けた議論が飛び交っている。議論の焦点は言語能力レベルと Can Do 記述文に注がれ，CEFR が謳う複言語教育に関する検討は希薄な印象である。その要因の一つとして，日本語教育を「日本語の」教育という側面からのみ捉え，包括的な「ことばの」教育の一部とは見なしていないことが挙げられる。複言語教育とは，母語を含む個人の中のあらゆることばを相互に連関させながら「その人のことば」を豊かに育んでいくことを目指す教育であり，アイデンティティの形成とも大きく関わるものである。しかし，こうした包括的な言語教育をどのように行えばよいのか具体的な方法がわからないために，目に見えてわかりやすい言語能力レベルや Can Do 記述文を頼りに CEFR に近づき，あたかも複言語教育との整合性が図られているかのような幻想がうかがえる。社会の多様化がいっそう進む中，一人一人のことばとアイデンティティが尊重される社会を築いていくには，日本語非母語話者が日本社会を生き抜くためのリンガフランカとしての日本語の教育に終始せず，包括的なことばの教育から日本語教育を捉え直す視点が重要であると考える。

キーワード
日本語教育，複言語教育，複言語能力，部分的能力

1.　はじめに

　筆者は 1999 年からの 13 年間，日本語教師としてドイツで暮らしていた。ドイツに赴任する前に筆者が知っていたドイツ語は，„Guten Tag.“（こんにちは），„Danke.“（ありがとう），„Ein Bier, bitte.“（ビールください）の三つだけだった。ドイツ語は赴任先のドイツで学んだが，生来外国語学習が得意ではない筆者にとって母語以外の言語を用いての生活は楽なものではなかった。しかし，勤務先の大学では会議で発言しなければならないことも多く，そのたびに「こんな情報伝達だけでなく，もっと自分自身を表現できる話し方や言葉選びができたら…」と悔しい思いをすることも少なくなかった。数十年間の人生を通して自分の中に積み上げてきた私という人物や価値観をことばにのせてうまく表現することができないという忸怩たる思いを体験した13 年間であった。しかし，この体験が，自分のことばとアイデンティティとの関係や，自分の中にある複言語性に着目する引き金となり，筆者が複言語能力・複言語教育というものを我が身に引き付けて考える大きなきっかけとなった。

　このような私的な体験も踏まえ，本章では，複言語教育の考え方が日本語教育にもたらすであろう新たな課題とインパクトについて幅広い視点から考察し，日本語教育と複言語教育が接続することの意義について考えてみたい。

2.　複言語能力と複言語教育
2.1　CEFR が示す複言語能力とは

　まず，「複言語能力（plurilingual competence）」について整理しておきたい。CEFR では複言語能力について次のように記されている。

　　　複言語能力（plurilingual competence）や複文化能力（pluricurtural competence）とは，コミュニケーションのために複数の言語を用いて異文化間の交流に参加できる能力のことをいい，一人一人が社会的存在として複数の言語に，全て同じようにとは言わないまでも，習熟し，複数の文化での経験を有する状態のことをいう。この能力は，別々の能力を重ね合わせたり，横に並べたりしたものではなく，複雑で複合的でさえあると考えられる。　（Council of Europe, 2001: 168; 吉島他訳・編, 2004: 182）

> [...] 個々人の言語体験は，その文化的背景の中で広がる。[...] その際，その言語や文化を完全に切り離し，心の中の別々の部屋にしまっておくわけではない。むしろそこでは新しいコミュニケーション能力が作り上げられるのであるが，その成立には全ての言語知識と経験が寄与するし，そこでは言語同士が相互の関係を築き，また相互に作用し合っているのである。　　　　　　　　　（Council of Europe, 2001: 4; 吉島他訳・編, 2004: 4）

つまり，複言語能力とは，個人の中で「複数の言語が相互に関連し合って補完的に存在している」（奥村他, 2016 : 12）状態を指し，この複言語能力を肯定的かつ積極的に認めようとするのが「複言語主義 (plurilingualism)」である。一方，多言語主義とは，「複数の言語の知識 [...] あるいは特定の社会の中で異種の言語が共存」(Council of Europe, 2001: 4; 吉島他訳, 2004: 4) することを肯定的に認める考え方であり，「複数の言語がそれぞれ独立して存在している」（奥村他, 2016: 12）と捉える点において，CEFR が謳う複言語主義とは区別する必要がある。

　多言語主義の例を一つ挙げる。現在日本ではインバウンドやオリンピック等をきっかけに標識やアナウンスなどの多言語対応が進められているが，そこでは一つ一つの言語が分けて用いられる。例えば電車のアナウンスでは，初めに日本語のアナウンスが放送され，それが終わってから次に英語のアナウンス，次に中国語のアナウンスというふうに放送される。アナウンスの一文目が日本語，二文目が英語，三文目が中国語，ところどころにスペイン語や韓国語の単語が混ざるというようなことはない。

　ではこれを一人の人間に当てはめてみるとどうだろうか。私たち個人は，電車のアナウンスのようにくっきりと明確にことばを分けて用いているだろうか。この疑問に応えるのが複言語主義の考え方である。奥村（2019）は次のように説明している。

> 私たちは生まれてから，母語，方言，集団語，外国語などさまざまなことばやそれに伴う文化に接しながら，自分独自のことばと文化を培っていきます。そうして培われたものは [...] 生涯にわたり絶え間なく変化し続けていきます。　　　　　　　　　　　　　　　　　（奥村, 2019: 178）

この「自分独自のことば」のことを，筆者は「わたし語」と呼んでいる。つまり，筆者であれば，数十年間の人生を通して醸成してきた「奥村三菜子語」を持っているわけであり，世の中の全ての人々は一人一人の「わたし語」を持っているのである。たとえ親子であっても全く同じ環境で全く同じ体験をする者はいないため，「わたし語」は唯一無二のもので，世界に一つしかないことばである。ことばというのは，日々の様々な体験を通して独自に吸収され，その中でアイデンティティも徐々に育まれていく。こうした，個人のアイデンティティを支える「わたし語」に着目するのが複言語主義である。そして，この一人一人の「わたし語」のことを，CEFR では「複言語能力」と呼んでいる。以上に記したことは，図1のように表すことができる。

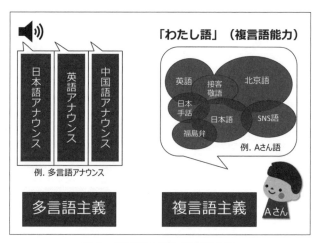

図1　多言語主義と複言語主義

　繰り返しになるが，私たちが人生の中で出会い獲得してきたことばは，「個人の中でバラバラに存在するのではなく，相互に関係を築き作用し合いながら存在」（奥村他, 2016: 12）している。そして，新たに出会ったことばをさらに融合させながら，生涯にわたり，日々「わたし語」を変化・変容させていく。こうした一人一人の能力と学びのプロセスについて，CEFR では次のように説明している。

　　[...] 言語学習の過程は持続的であり，かつ個人差があるということである。どんな言語の話し手でも，母語話者であろうと外国語を話す場合であろうと，二人として完全に同じ能力を持ったものはいないし，同じ学習の道を辿ったものはいない。

（Council of Europe, 2001: 17; 吉島他訳, 2004: 17）

　以上のように，CEFR では母語も外国語も分け隔てなく，一人一人が蓄積してきたあらゆることばの能力を包括的・総体的に捉え，一人一人の複言語能力を積極的に認めるという複言語主義の考え方を終始貫いている。

2.2　複言語教育は何を目指す教育か

　こうした複言語主義の考え方に基づいて行われる教育が「複言語教育」である。その教育の目的について，CEFR では以下のように述べている。

　　新しい目的は，全ての言語能力がその中で何らかの役割を果たすことができるような言語空間を作り出すということである。[...] 教育機関での言語学習は多様性を持ち，生徒は複言語的能力を身につける機会を与えられねばならないということである。さらに，言語学習が一生のものであることが認識された以上，若い人たちが新しい言語体験に学外で向き合ったときの動機，技能の成長，自信の強化が核心的な意味を持つようになる。教育を司る人々や，検定試験委員，そして教師の責任は，単に一定の言語について一定の期間に一定の熟達度に到達させることのみに限定されるものではないのである [...]。

（Council of Europe, 2001: 5; 吉島他訳, 2004: 4–5）

　さらに，CEFR を作成した欧州評議会は，複言語主義に基づいた教育が異言語・異文化への気づきや寛容性を育成するものであること，ひいては民主的市民性教育の役割を担うことも期待している。これについて，『欧州言語教育政策策定ガイド』には，次のように明記されている。

　　複言語主義の発達は，機能的な面からのみ必要とされているのではな

い。複言語主義とはまた，民主的な振る舞いの本質的な構成要素なのである。話者の言語レパートリーの多様性を認識することは，言語の多様性を容認する態度へと——たとえば個人や集団の言語権を国家やマジョリティの言語との関係において尊重すること，表現の自由の尊重，言語的マイノリティの尊重，あまり話されても教えられてもいない国家語の尊重，そして地域間や国家間でのコミュニケーションにおける多様性の尊重へと結びつくはずである。[...] 言語教育活動の場とは，文化が接触する特権的な場だ。それは教育システムのなかで，間文化的次元において民主的に生きるための教育が具体化される場所なのである。

（Council of Europe, 2007: 36; 山本訳, 2016: 59）

　つまり，複言語教育では，一人一人の豊かな複言語能力の育成を目指すとともに，自己アイデンティティの覚知を誘発し，他者アイデンティティを尊重する意識と態度を育むことがその目標となる。よって，複言語教育の観点で行われる言語教育は，異文化間教育や民主的市民性教育などとも密に結びつきながら，一人一人の複言語能力の育成を包括的に進めていくことが求められる。

3.　日本における教育の現状と課題

　翻って，日本で行われている教育を振り返ってみるとどうだろうか。日本の教育現場では，幼児教育から中等教育まで，いわゆる一斉教育が行われてきた歴史が長い。近年，個性を伸ばす教育といった声もよく聞かれるが，同じ年齢の児童生徒が同じ教室で同じ科目を同じカリキュラムで学ぶという状況はほとんど変わっていない。特別支援が必要な児童生徒は別室や別の学校で学ぶという体制もまだまだよく見られる。教育関係者がこうした現状を疑わず，当たり前のものとして受け止め，新たな可能性を検討しようと歩を進めなければ，今の体制は今後も変わらず続いていくのではないかと思われる。日本において，多様性を包み込むインクルージョン教育の実践が遅々として進まないのも，こうした現状が背景にあると筆者は考える。

　このような教育現状は，日本語教育においても例外ではない。多くの日本語コースでは，同じぐらいのレベルの学習者が同じ教室で同じ教材を使って

同じ進度で学ぶという実践をしてきた歴史が長い。加えて，日本語教育では日本語母語話者を理想的モデルとし，「聞く・話す・読む・書く」の 4 技能をバランスよく学ぶことが目指されてきた。また，動的・即興的であるはずの会話の授業でもモデル会話を正確に暗記してすらすら言えることが期待されるような授業が今でも見られる。近年，学習者の個性を尊重し，学習者を主体とした学びの重要性が唱えられつつも，その実は，教育者側が実践しやすい「教師が与える・管理する」というシステムの中で日本語教育が行われているといえよう。学びとは教師に帰属するのではなく学び手その人に帰属するものであるという当たり前の視点に立ち返り，学び手一人一人が「自ら選ぶ・自己管理する」ということができる意識とシステムを構築していく必要があろう。

　昨今，2021 年から実施が始まった「大学入学共通テスト」をめぐり様々な議論が行われているが，その中で記述試験の採点の公平性を求める声も多く聞かれる。期待されるキーワードが何語用いられているか，期待される解答と類似の見解が示されているかなど，公平性を期すための客観的な採点方法について検討が行われているようであるが，そもそも記述試験というのは個人の見解や主張を展開し表現するものであり非常に主観的なものである。記述試験というものと客観的な採点というものは，両極を成す性質を持つものであり，受験者全員に一つの正解が求められるマークシート式試験と同様の公平な評価などできないはずである。受験者一人一人が独自の見解を示す記述試験の評価において重要なのは，模範解答との近似性ではなく，持論の展開やその表現力などをどのような観点に基づき評するかという能力観と評価観を関係者間で共有することであろう。よって，この能力観と評価観の共有こそが記述試験の公平性であると筆者は考える。これは，複言語教育の観点から言語教育を行っていく上でも重要な視点となる。複言語教育とは，正解が一つしかないような言語教育を目指すものではないからである。複言語教育の視座に立つと，一人一人の「わたし語」の中で学習言語が果たす役割やその位置づけは様々である。学び手一人一人が学習言語を生かす目的や方法も多岐にわたる。この点については，6 節で再度詳説する。

　以上に例示した一斉教育や模範的正解ありきの日本の教育現状は，複言語教育とは相反する要素に満ちている。では，複言語主義という新しい観点か

ら教育を再構築するには，何が必要なのだろうか。何か新しい教育の在り方を模索する際に最も大切なのは，具体的な教育のハウツーを検討することの前に，能力観や評価観，および，そこから導き出される教育観・学習者観を徹底的に検討し，それらを共有することである。しかしながら，現在の日本の教育においては，そうした教育理念の議論をじっくり行うための土壌が十分に整っていない印象がある。次節では，この点について考察する。

4.　複言語教育に必要な理念の共有
4.1　複言語教育に向けた理念の構築と共有

　学習者によって一人一人異なる「わたし語」（複言語能力）の育成を目指すなら，現状の教育を根本から変える必要がある。そのためにまず着手すべきは，複言語教育が求める新たな能力観・評価観・教育観を教師や関係者の間で共有する努力である。同時に，個々の学習者を唯一無二の社会的行為者（social agent）として認め，一人一人の学習者の「わたし語」を観察しようとする態度を涵養する必要がある。

　教師の間に複言語教育をめぐる共通理念を構築していくための具体的な実践としては，評価の検討が効果的であると考える。ただし，ここでいう評価の検討とは，A1 とか B2 とかいったレベル付けをしたり，具体的な試験を作成したりすることではなく，「何を評価するのか」「どのように評価するのか」「その評価をどのように学習者と共有するのか」といったことを抜本的に考え直すということである。これは，従来の評価観点や評価方法を一度疑ってみるという作業であると同時に，教師一人一人の言語観，教育観，能力観，学習者観が浮き彫りとなる作業でもあるため，各教師が自分のビリーフを内省し，それを互いに共有する好機となるはずである。評価観は教育観を露呈するものであり，日々の教育実践を支えるものでもあるため，評価の見直しは教師の役割を考え直すことにも直結する。時には痛みを伴うかもしれぬこのプロセスなくして，教師の間に共通理念を構築していくことは不可能であろう。

　加えて，複言語教育という観点から言語教育を新たに展開していくためには，教育関係者が職場環境の重圧を受けずに，誰もが自らの考えを自らのことばで自由に発信することができるような柔軟で透明性のある環境づくりが

重要となることも補足しておきたい。教育者一人一人の市民性が保障されないような環境の下では，学習者一人一人の市民性も保障されないと思われるからである。複言語教育は，民主的市民性教育に資する教育でもあることを忘れてはならない。

4.2　欧州における言語教育政策理念

　理念の共有を言語教育に反映させようとしているものの例として，CEFRを作成した欧州評議会の『欧州言語教育政策策定ガイド』の中の一部を引用する。

　　　財と人の自由な循環を言語面で保証するためだけならば，ひとつあるいは複数の特定の共通言語（リンガフランカ）を公的に導入することで足りるだろうが，それは，ヨーロッパ人の間での文化的連帯には，あまり大きな影響を与えることはないだろう。ヨーロッパが必要としているのは，共通言語というよりも，言語に関する共通方針なのだ。

　　　　　　　　　　　　（Council of Europe, 2007: 31; 山本訳, 2016: 49）

つまり，複数の言語が渦巻くヨーロッパ地域において，市民一人一人が互いのことばや文化を尊重しながら共に暮らしていくためには，例えば英語のような一つの共通言語を共有するのではなく，ことばというものに対する共通の価値観（言語観）を共有することが重要だということが明記されている。欧州評議会はあらゆることばや文化に同等の価値と意義を認め，一人一人の市民が自らのことばや文化に誇りを持ち，互いのアイデンティティを尊重し合えるヨーロッパ社会を築こうとしている。CEFRは，こうした理念や社会の構築を，言語教育を通して実現していくために誕生した言語教育政策ツールである。

5.　日本語教育における CEFR 受容の現状と課題

　日本国内の日本語教育に CEFR が大きなインパクトを与えたきっかけの一つは，2020 年に一部改定が行われた「日本語教育機関の告示基準」（出入国在留管理庁, 2020）であろう。「新たに定める際の基準」（第一条，四十四）

および「末梢の基準」（第二条，六）において，CEFR という文言が登場し，これを受けた日本語学校等の関係者の間で CEFR に関する勉強会や研修会が急増した。筆者もこれらの研修会等で講義やワークショップを行ってきたが，CEFR が示す複言語教育の意義を理解し，強い関心を寄せる日本語教育関係者は決して少なくない。しかし，現実には，その具体的な教育実践の方法がわからないために，一見，具体的でわかりやすく見える共通参照レベルや例示的能力記述文を頼りに CEFR に近づこうとする姿が多く見られる。一例として，筆者が行ってきた CEFR に関する研修会の事後アンケートの中で，特に多く見られる質問を抜粋して紹介する[1]。

- 「CEFR A2」ということが告示校[2] の基準とされた今，日本語学校はシラバスやカリキュラムの見直しや修正をせざるを得ないと思うが，何から始めたらよいか。
- 行動中心アプローチでの教師の役割は？どうやって支援していくのか？
- 「私のことば」という視点をどう具体的にしたら良い，もしくはできるでしょうか。
- どのようにしたら今日の「日本語能力試験」による評価第一主義をこの CEFR の観点からの評価に変換できるでしょうか？

（表現・表記は原文のまま）

これらの質問はいずれも，CEFR の理念や教育的アプローチは理解したものの，明日からの教育実践をどのように行えばよいかを問うものばかりである。実際のところ，日本語教育現場において CEFR を参照しようとする際，多くの関係者が初めに取り組むのが，従来の学習目標の文言を「○○でき

1　ここで紹介しているアンケートの記述内容は，「令和元年度日本語学校教育研究大会」（2019 年 8 月 4 日，日本語教育振興協会主催）で筆者が講師を務めた分科会Ⅲ「今，話題の CEFR A2 って何？」の事後アンケートからの抜粋である。詳細は以下 URL 参照。
<https://www.nisshinkyo.org/news/pdf/20190821y.pdf>（2022.12.30）

2　告示校とは，「出入国管理及び難民認定法第七条第一項第二号の基準を定める省令の留学の在留資格に係る基準の規定に基づき日本語教育機関等を定める件」にて定められた日本語教育機関のこと。通称，「法務省告示校」または「告示校」と呼ばれる。

る」に書き換える作業と，これまでのコースレベルや試験をA1からC2に紐づける作業である。しかし，これでは，それまで行ってきた一斉教育の実践や評価を変えることなく表層だけを修正したにすぎず，複言語主義という理念に基づく複言語教育の実践へと舵を切ることはできないだろう。

　一方で，研修会の事後アンケートの中には次のようなコメントもよく見られる。

　　・日本が作ろうとしている日本版CEFRにも「理念」は必要ではないか。
　　・CEFRの本来の趣旨に反して，どんどん制度化，権威化，商品化しているように思えます。

（表現・表記は原文のまま）

こうしたコメントからは，理念を軽視することへの苦言がうかがえるが，同時に未来への希望も感じる。目に見えるわかりやすさだけに飛びつかず，理念に立ち返り，疑問の声を上げる関係者が一人ずつでも増えていかなければ，教育改善に向けた大きなうねりを創り上げていくことはできないからである。

　日本では2019年に「改正出入国管理法」および，「日本語教育推進法」が施行された。これらを受け，文化庁ではCEFRを参考にした「日本語教育の参照枠」（文化審議会国語分科会，2021）が開発・作成され，その運用と活用をめぐって様々な議論が行われている。だが，やはりここでも，その議論の焦点は「共通参照レベル（A1〜C2）」と「例示的能力記述文（いわゆるCan Do記述文）」に注がれることが多く，複言語教育に関する検討が希薄であることは否めない。なぜCEFRを参考に作成された「日本語教育の参照枠」の議論が複言語教育に向けた議論へと展開しないのか，次節ではその背景について考察したい。

6.　日本語教育が複言語教育へと展開しない背景

　本節では，日本語教育が複言語教育へと展開しない背景について，二つの問いを立て，考えてみたい。

　問1：日本語教育は「日本語のみ」「言語のみ」の教育か？

　問2：日本語教育はリンガフランカの教育か？
この二つの問いは密接につながっているが，一つずつ考察する。

6.1　日本語教育は「日本語のみ」「言語のみ」の教育か？

　CEFRでは，複言語能力を創り上げている一つ一つの能力のことを「部分的能力（partial competence）」と名付け，「複言語能力を豊かにする構成要素」（Council of Europe, 2001: 135; 吉島他訳・編, 2004: 148）であると説明している。よって，複言語教育の観点から行われる日本語教育とは一人一人の「わたし語」（複言語能力）を豊かにするための部分的能力を育む教育であるという認識が必要となる。学習者の中に日本語という新たな別部屋を作る教育ではないということである。つまり，日本語学習を通して新たに獲得される各種様々な能力というのは，学習者が既に有している複言語能力と相互補完的に絡み合って「わたし語」をより豊かにしていく部分的能力として働くものであるといえる。

　部分的能力は，どれもバランスよく獲得されるとは限らない。ところが，従来の日本語教育では「聞く・話す・読む・書く」の4技能をバランスよく学ぶということが目指されてきたため，言語技能の不均衡はむしろ問題点と見なされることが多かった。しかし，言語技能のアンバランスや，話題／場面による言語運用のアンバランスなどは，母語話者にも当然見られるものである。そもそもことばの能力とは，誰しもアンバランスなものである。複言語教育ではこうしたアンバランスな部分的能力を否定的に捉えず，その一つ一つを，複言語能力を創り上げるための大切な資源・財産として肯定的に捉える。全ての部分的能力が，その人の複言語能力の中でなんらかの働きを成し得るからである。このことについて，奥村（2019）は次のような例を用いて説明している。

　　「街中で日本語が聞こえてきたときに，それが日本語だとわかる」「食事の前に『いただきます』と言える」「自分の名前をひらがなで書ける」など，どんなに些細に思える能力であっても，CEFRではそれら一つひとつをかけがえのない部分的能力と捉えます。そして，この部分的能力の集合体が複言語・複文化能力となります。　　　　　　　　（奥村, 2019: 180）

複言語教育の観点から日本語教育を行うには，こうした視点を忘れてはならない。学習者が有する複言語能力への視点が落ちると，学習者の日本語能力にのみ着目した「できる学習者・できない学習者」といった判定が生じる。これは，日本語教育を「日本語のみ」の教育と捉えていることに起因する。

　個人が持っている複言語能力への視点が落ちることにより，ことに大きな問題が生じやすいのが年少者の日本語教育である。これまで，多言語環境にある子どもたちの多くは，様々なことばの能力の中から，ある一つの言語の能力について，同年齢の母語話者との比較において，その言語能力が高いか低いかを判断される場面が多く見られた。例えば，小学校入学前の就学前検診が日本語のみで行われたことにより，認知発達・言語発達の遅れ，あるいは発達障害・学習障害の可能性を誤って指摘され，小学校入学が遅れたり特別支援学級に入れられたりというケースも少なくない。こうした例は，一人の子どものことばの能力を複言語能力の視点から包括的に捉えず，「日本語」という別部屋だけを覗き見た結果と言わざるを得ない。認知発達・言語発達の過程にある年少者にとって，ことばの学びとは，新しい言語の能力が追加されるにとどまらず，認知能力の発達やアイデンティティの形成にも大きな影響を与えるものである。子どもの複言語能力を軽視した結果，もし誤った判断が行われれば，その子のアイデンティティ形成に大きな傷を残すことになりかねない。複言語能力への視点は，誤った判断を食い止め，適切な判断を導くことにも役立つであろう。

　類似のことは，成人の日本語教育にも当てはまる。日本語能力が不十分であるというだけで子ども扱いされたり認知力の低さを指摘されたりして，自己肯定感や自尊心を損なっている成人日本語学習者は少なくない。日本語能力だけで個人を判定するのではなく，全人的な能力を認め尊重する日本語教育を提供するためにも，複言語教育の視点は重要となる。

　そのためには，日本語の授業で日本語以外の言語の使用を禁止したり，日本語能力の向上にだけ着目した活動を行ったりするのではなく，一人一人が既に持っている複言語能力をエンパワメントし，その複言語能力と日本語能力を相互に作用させられるような教育的アプローチが求められる。具体的には，母語を含む様々な言語体験から得た能力を活用した実践の検討が必要であろう。例えば，日本語以外の言語（母語等）で得た情報を元に日本語で話

し合いを行ったり，日本語の授業活動で体験した学習ストラテジーを他の言語の学習に応用したり，言語以外のスキル（ICT リテラシー等）を日本語の学習課題の遂行に応用したりするような取り組みが考えられる。

　ただし，こうした複合的な実践を行うためには，他言語や他分野の教育関係者と連携を図ることが求められる。「日本語」の教育，または，「言語」の教育という小部屋から，日本語以外の言語教育や，言語以外の教育の関係者と交流できる大広間へと飛び出し，互いに連携し合える仕組みを作っていくことが重要である。複言語能力とは，一つ一つの部分的能力が相互に絡み合いながら培われるものであるが，同様のことは複言語教育にも当てはまる。複言語教育とは，様々な分野の一つ一つの教育が相互に絡み合いながら実現されていくものである。よって，日本語教育も英語教育も国語教育も，さらには，数学も体育も環境教育も，それぞれが相互に絡み合いながら複言語教育は実現されていくのである。

　日本語教育について言うなら，教育関係者たちが自分たちの教育を，電車の多言語アナウンスのように独立したものではなく，包括的な教育の中の一部を担っているという認識を持つことから，複言語教育の視点に立った日本語教育の実践へと，その一歩を踏み出せるだろう。

6.2　日本語教育はリンガフランカの教育か？

　ことばには，具体的な情報のやり取りをするための機能もあるが，絵画や音楽のように一人の人間として自己を表現したり，一人の人間としての他者を理解したりするための機能もある。例えば CEFR では，言語使用者／言語学習者のコミュニケーション能力というものは，「一般的能力」と「コミュニケーション言語能力」から成っていることを示している（表 1）。一般的能力としては「叙述的知識」「技能とノウ・ハウ」「実存的能力」「学習能力」が，コミュニケーション言語能力としては「言語的能力」「社会言語的能力」「言語運用能力」が示されている。

表 1　CEFR が示す言語使用のための能力（CEFR 第 5 章参照）[3]

一般的能力 *General competences*	
叙述的知識 *Declarative knowledge (savoir)*	体験や勉強で得た知識や意識
技能とノウ・ハウ *Skills and know-how (savoir-faire)*	意識しなくてもできるよう体得している技能
実存的能力 *'Existential' competence (savoir-être)*	個人の持つ態度・価値観・信条・性格等
学習能力 *Ability to learn (savoir-apprendre)*	新しいこと・異なることを発見したり取り入れたりできる能力
コミュニケーション言語能力 *Communicative language competences*	
言語的能力 *Linguistic competence*	言語の知識・技能（語彙，文法，文字，音韻等）
社会言語的能力 *Sociolinguistic competence*	ある言語社会のルールを理解し，それに則って活動できる能力
言語運用能力 *Pragmatic competence*	柔軟かつ効果的にことばを用いることができる能力

　日本語を情報伝達ツールとしてのみ用いるのであれば，コミュニケーション言語能力を獲得していくことで，ある程度の目的は達成されるかもしれない。例えば，日本語非母語話者が日本社会で生き延びるためだけならば，日本語という公用語をリンガフランカとして用いることで事足りるだろう。例えば，居酒屋で「ビールを一つください」と言えば要求は満たされるだろうし，病院で「きのうからお腹が痛いです」と言えば情報は伝わるだろう。一定の日本語力があれば，日本で旅行したり生活したりすることは可能である。このように情報伝達ツールとして日本語を用いるのであれば，近年では翻訳アプリなどの機器を使用することも可能となってきた。

　しかし，そのことばに自分というアイデンティティをのせて表現していくには，あるいは，自分というアイデンティティをのせた相手のことばを理解するには，一般的能力は欠かせない。複言語能力は，言語の能力だけで構築されるのではなく，一般的能力のような，その人が持っている様々な知識，

3　表 1 は，CEFR 第 5 章および奥村他（2016: 56–61）に基づき，筆者がまとめたものである。詳細は，Council of Europe（2001）の Chapter 5 を参照。

意識，スキル，価値観，学びの力などとも相互に作用しながら構築されていく。こうした一般的能力がことばと絡み合ってにじみ出てくるからこそ，「わたし語」（複言語能力）は唯一無二のものなのである。その背景には，その人が生きてきた環境や体験が大きく影響していることは言うまでもない。Coste 他（1997）は次のように述べている。

　　　複言語・複文化能力は，[...] 社会的行為者が辿ってきた道によって，その能力は進化し，新たな要素によって豊かになり，他の要素を補ったり変化させたりし，また，ある要素は衰退していく。これは，職業的，地理的，家族的な移動や，個人的な関心事の変化がもたらすごく普通の影響である。　　　　　　　　　　　　　　（Coste 他, 1997: 12，筆者邦訳）

　つまり，複言語能力というのは，自分史あるいは家族史とも言い換えることができ，それゆえに，複言語能力の育成を行う複言語教育はアイデンティティ形成との関係性が非常に高いのである。複言語能力を構成する部分的能力が持つ影響の広範さを示すものとして，CEFR および Coste 他（1997）を以下に引用する。

　　　言語の部分的能力は，[...] 受容的言語活動に関わるものかもしれないし，特定の領域や個別の課題に関わるもの [...] かもしれない。あるいは，[...] 一般的能力（例えば，他の言語・文化・社会の特色に関わる言語構造以外の知識）と関わってくるかもしれない。
　　　　　　　　（Council of Europe, 2001: 135, 吉島他訳, 2004: 148）

　　　[...] 複言語・複文化能力の発達は，言語的アウェアネス，さらにはメタ認知ストラテジーの発生を促すことを意味する。これにより，社会的行為者は自分自身の特に言語面での「自発的／即興的な」課題遂行の方法に気づき，それをコントロールすることができるのである。
　　　　　　　　　　　　　　　　　（Coste 他, 1997: 11，筆者邦訳）

これらは，部分的能力が，言語的な補完機能としてのみ働くのではなく，言

語以外の知識や意識やストラテジー等にも大きく影響を与えるものであることを示している。

　この考え方を日本語教育に応用すると，部分的能力の一つである日本語は，もはや単なる情報伝達ツールではなく，一人の人間を創り上げていくための重要な資源ということになる。日本語というものを情報伝達ツールとのみ捉え，日本語教育を共通記号のようなリンガフランカ育成の教育とのみ捉えていると，学習者一人一人のアイデンティティに潜むユニークな能力や個性は見落とされることになるだろう。

7.　結びにかえて

　CEFR を参照した日本語教育に関する議論において複言語教育の視点が希薄であるのは，2001 年に公開された CEFR の中に一般的能力や複言語能力に関する「共通参照レベル」や「例示的能力記述文」が示されていなかったということも理由の一つかもしれない。すぐに利用できそうなわかりやすい一覧表がなかったこと，また，既存の試験との紐づけが困難であること等の理由により，一般的能力や複言語能力への視点が抜け落ちてしまった可能性は十分に考えられる。そんな中，欧州評議会は，2020 年に "CEFR Companion volume" を公開し，その中で「複言語・複文化能力（Plurilingual and pluricultural competence）」（Council of Europe, 2020: 123–128）というカテゴリーが新たに追加され，能力記述文も例示された。この例示については，西山（2018）等によってその是非を含む考察が行われているが，複言語・複文化能力という冠がついたカテゴリーと能力記述文が例示されたことを契機に，複言語能力に以前よりも目を向けやすくなり，複言語教育に関する議論も活発化するのではないかと期待される。

　複言語教育の観点は，言語教育分野にとどまらず，学校教育や企業経営や市民社会にも大きな影響をもたらすものである。例えば，経済産業省は「ダイバーシティ経営」を推進し，「多様な人材を活かし，その能力が最大限発揮できる機会を提供することで，イノベーションを生み出し，価値創造につなげている経営」とこれを定義している[4]。この考え方は，6.1 節で述べた

4　詳細は <https://www.meti.go.jp/policy/economy/jinzai/diversity/index.html>（2021.3.30）を参照。

「複言語教育とは，様々な分野の一つ一つの教育が相互に絡み合いながら実現されていくものである」という考え方とも整合する。教育であれ産業であれ，様々な場面において市民一人一人の存在意義や存在価値に光が当たり始めている。多様性を認める社会の実現は本当に可能なのかどうか，複言語教育の観点から行われる言語教育の実践はその試金石ともなり得るだろう。

　複言語教育の基本は，一人一人のことばを育てるという意識を持ち，一人一人に向けた教育を考えることにある。ことばというのは国家や社会に帰属するのではなく，その人自身に帰属するものであるという視点が複言語教育の原点であると筆者は考える。「わたし語」とは個人のエゴ，つまり自我に他ならない。多様性のある社会における最小単位は個人のエゴである。一人一人が自分のかけがえのないエゴを尊重してほしいと思うのは当然であるし，そうであるならば，同時に他者のエゴを尊重すべきであることも明白である。あらゆる側面において多様化がますます進む中，一人一人の尊厳が損なわれない社会を築いていくためには，全ての人にエゴがあることを互いにしっかり認識できる感度と能力が求められる。

　まずは，筆者自身，一人の日本語教師として，複言語教育の意義をもっと広く，そしてわかりやすく伝えていくことを通して，日本語教育と複言語教育の接続を図っていきたい。日本における複言語教育に向けた議論はまだ緒にも就いていない。未来に向けた日本語教育のために，この国の教育の未来のために，そして，一人一人が尊重される社会を築いていくために，複言語教育をめぐる議論が日本社会に一石を投じることを強く願っている。

文　献

文化審議会国語分科会（2021）「日本語教育の参照枠・報告」<https://www.bunka.go.jp/seisaku/bunkashingikai/kokugo/hokoku/pdf/93476801_01.pdf>（2022.12.30）

Coste, D., Moore, D. & Zarate, G. (1997). *Plurilingual and pluricultural competence*, Strasbourg: Council of Europe. <https://rm.coe.int/168069d29b>（2021.3.30）

Council of Europe (2001). *Common European Framework of Reference for Languages: Learning, teaching, assessment.* Cambridge: Council of Europe. <https://rm.coe.int/1680459f97>（2021.3.30）

Council of Europe (2007). *From Linguistic Diversity to Plurilingual Education: Guide for the development of language education policies in Europe.* Main version. Strasbourg:

Council of Europe.
<https://rm.coe.int/CoERMPublicCommonSearchServices/DisplayDCTMContent?doc
umentId=09000016802fc1c4> (2021.3.30)

Council of Europe (2020). *Common European Framework of Reference for Languages:
Learning, teaching, assessment Companion volume.* Strasbourg: Council of Europe.
<https://rm.coe.int/common-european-framework-of-reference-for-languages-learning-
teaching/16809ea0d4> (2021.3.30)

西山教行 (2018).「CEFR の増補版計画について」『言語政策』*14*, 77–80.

奥村三菜子・櫻井直子・鈴木裕子 (2016).『日本語教師のための CEFR』くろしお出
版.

奥村三菜子 (2019).「欧州における継承日本語教育と欧州言語共通参照枠 (CEFR)」,
近藤ブラウン妃美，坂本光代，西川朋美 (編)『親と子をつなぐ継承語教育―日
本・外国にルーツを持つ子ども―』pp. 175–189. くろしお出版.

欧州評議会言語政策局 (著), 山本冴里 (訳) (2016).『言語の多様性から複言語教育へ
―ヨーロッパ言語教育政策策定ガイド―』くろしお出版.

出入国在留管理庁 (2020).「日本語教育機関の告示基準」(2020 年 4 月 23 日一部改定).
<http://www.moj.go.jp/isa/content/930005392.pdf> (2021.3.30)

吉島茂，大橋理枝 (訳・編) (2004).『外国語教育 II―外国語の学習，教授，評価のた
めのヨーロッパ共通参照枠―』朝日出版社.

第4章

複言語・異文化間教育の新しい展開
―「多様性の創造性」とCARAP―

大木充

現在,「多様性」は,研究のテーマや教育の目的としてだけでなく,社会のいろいろな組織に対しても求められている。複言語・異文化間教育には,多様性を「知る」だけでなく,多様性を創造性に結びつける仕組みが備わっている。少し工夫をすれば,次世代に必須の教育になる可能性がある。多様性は諸刃の剣であるが,そのマイナス面を減らし,プラス面を増やすためには,二つのレベルの多様性,すなわち「表層の多様性」と「深層の多様性」に分けて考える必要がある。また,問題解決能力と創造性を養成するには,認知心理学の知見の活用が有効である。

キーワード

複言語・異文化間教育,CARAP,多様性,創造性,改訂版ブルーム・タキソノミー,メタ認知的知識

---

1. はじめに

「多様性は諸刃の剣のように思える (Diversity appears to be a double-edged sword)」(Williams & O'Reilly, 1998: 79) とよく言われる。「組織においては,多様性は諸刃の剣である。それは,軋轢をうみ,災をもたらすかもしれない。しかし,それは,またはかりしれない可能性と創造性,驚くべき良い結果をもたらすかもしれない」(Trinh, 2016: 228)。多様性に焦点をあてている研究,

教育分野は多数あり，多様性は現在も活発に議論されているテーマのひとつである。組織の多様性と創造性に関する研究も数多くあり，その関係性が明らかになっている（Bodla *et al.* 2018: 713）。ここでは，組織の構成員の多様性を言語・文化の多様性に置き換えて考える。複言語・異文化間教育を通じて多様性の存在を知ること，あるいは知ろうとすることは，「多様性を尊重し，寛容になる」だけでなく，「新しく，役に立つ考えを作り出すこと，またはその能力」という意味での創造性とどのように結びつくのだろうか。

　複言語・異文化間教育に関する文献は数多くあるが，複言語・複文化能力とはどのような能力なのかについて正面から取り組んでいるのは，『言語と文化の多元的アプローチのための参照枠』[1]（以後，CARAP）である。CARAPの目的は，複言語・複文化能力養成に役立つ手段を教育関係者に提供することである。CARAPは，「多元的アプローチ」と「能力とリソースの参照枠」という二つの大きな柱で構築されており[2]，どのような複言語・異文化間教育をすれば良いのかは多元的アプローチという形で具体的に示されている。また，どのような目標で個々の教育を実施すれば良いのかも参照枠という形で明示されている。それで，CARAPの「多元的アプローチ」と「能力とリソースの参照枠」を用いて教授すれば，学習者は多様性に気づくだけでなく，多様性の創造性を見出したり，そのための方法を習得できる可能性がある。

　本章では，第二節で複言語・異文化間教育と多様性の関係について，第三節ではCARAPが多様性だけでなく創造性の養成にも貢献できることを，最後の第四節では認知心理学の知見を取り入れたブルーム・タキソノミーの「改訂版」がCARAPの参照枠を文脈化するのに役立つことを述べる。

2.　複言語・異文化間教育と多様性
2.1　CEFRと多様性
　欧州評議会は，第二次世界大戦後1949年に人権，民主主義，法の支配を

1　多元的アプローチは，4種類の教育・教授法，言語への目覚め活動，同族言語間相互理解教育，言語統合教授，異文化間教育で構成されている。さらに詳しくは，Candelier *et al.*（2012: 6–7），大山（2016: 48–53）を参照されたい。
2　「能力とリソースの参照枠」は，多元的アプローチによって養成される能力とそのリソースに関して教育目標を体系的かつ階層化して表したものである。

実現するために創設された。そして，このような目的を達成するために，欧州評議会は複言語主義に基づく言語政策を推進してきた。CEFR の『策定ガイド』（Beacco & Byram, 2003: 15–16）によると「複言語主義」には二つの側面，「能力」と「価値」がある。「能力」としての複言語主義の目的は，複数の言語を使う能力を養成して，話し手の「言語レパートリー」を増やすことである。それに対して，「価値」としての複言語主義の目的は，言語的に寛容になること，すなわち言語の多様性を肯定的に受け入れることの価値に気づかせることである。

　「言語レパートリーの充実，拡大をさせる」教育と「言語の多様性に関心を持たせ，言語的寛容性と民主的市民性を身につけさせる」教育は，別々に実践されることを必ずしも意味していない。また，価値としての側面に気づかせるには，教授言語で説明する必要があり，自然になされるようなものではない（Beacco & Byram, 2003: 16, 69）。

　複言語・異文化間教育の重要な目的は，学習者に言語・文化の多様性に気づかせることであり，「多様性」は重要な概念である。CEFR は，つぎのように書いている。

> ある一つの外国語と文化の知識で「母」語や「自」文化とに関わる民族中心主義を必ずしも超越できるわけではなく，むしろ反対の影響を受ける場合がある（言語を一つだけ学習し，一つの外国文化だけと接触すると，ステレオタイプや先入観が弱まるどころか強化されてしまうことは珍しくない）。複数の言語を知れば，民族中心主義を克服しやすくなり，同時に学習能力も豊かになる。従って，学校で複数の外国語の学習を促し，言語の多様性を尊重する心を育てることが重要である。
>
> （CEFR 日本語版, 148）

2.2　多様性に対する三つの立場

　近年，実業界では，革新的，創造的な仕事を可能にするために組織に多様性を求める動きがある。「ダイバシティ」という名の下に経営戦略の一環として組織における多様性が推進されてきた。同時に，組織における多様性を

めぐってさまざまな研究も行われてきた。ダイバシティ・マネジメント[3]の研究者，谷口（2009: 20）によるとダイバシティに対する立場は三つある。

　　1つ目は，社会学や労働経済学をベースとし，マイノリティ救済や格差是正を目指す立場である。この立場が議論する多様性の次元は，性別，人種・民族，年齢，障害の有無など，主に人が生まれながらに有している特徴であり，それらによる差別・区別のない社会を目指そうとしている。

　　2つ目は，異文化コミュニケーション論や異文化経営論などをベースとし，多元社会の実現をめざす立場である。この立場が対象とする属性は，それぞれ固有の文化を有する人種・民族あるいは，国籍の多様性である。

　　3つ目は，理論の面では，組織心理学，グループダイナミクス，チーム研究などの組織行動論をベースとし，多様性が組織に与えるプラスの影響とマイナスの影響を，モデルやロジックを用いて，説明しようとする立場である。この立場が取り扱う多様性は，性別，人種・民族，年齢といった表層的な多様性だけでなく，職歴，勤続年数，教育といった深層的な多様性を含む包括的なものである。

　ここで注目したいのは，多様性が組織に与えるプラスの影響とマイナスの影響を考えるという三つ目の立場である。引用の中で谷口が，多様性を「表層的な多様性」と「深層的な多様性」の二つのレベルに分けて，表層の多様性に加えて，深層の多様性も対象にしていることにも注目したい。谷口（2009: 23）は，「プラスの影響」についてつぎのように述べている。

　　異質なメンバーが集まることで，アイデア，選択肢，解決策が増加し，スキル，教育訓練の経験，能力の向上が望める。結果として問題解決能力の向上や創造性につながる。これらが，ダイバシティがチームや組織

3　ダイバシティ・マネジメントとは，組織内の「多様性を用いてパフォーマンス（経営結果）を向上させるためのマネジメント手法」（谷口，2009: 25）のことである。さらに詳しくは三宮（2022: 54–55）を参照されたい。

に与えるプラスの影響の主なものである。

上の引用の中にある「異質なメンバーが集まること」は，言語にあてはめると，『策定ガイド』の複言語教育の一つ，言語のレパートリーを増やすことにあたる。では，「言語の多様性に関心を持たせ，言語的寛容性と民主的市民性を身につけさせる」ために，価値の教育が必要であったように，「言語のレパートリーを増やすこと」を「問題解決能力の向上や創造性につな」げるには，そのための特別の教育が必要なのだろうか。

2.3 多様性の二つのレベル

組織と多様性を研究する分野では，早くから多様性は「表層的な多様性」（surface-level diversity）と「深層的な多様性」（deep-level diversity）の二つのレベルに分けて考えられてきた（Jackson *et al.* (1995)，Milliken & Martins (1996)，Harrison *et al.* (1998; 2002) など）。ここでは谷口 (2009: 19) から引用する。

> **表層的なダイバシティ**は，文字通り外見から識別可能なものである。例えば，性別，人種・民族，年齢，身体的特徴などがこれに該当する。
> **深層的なダイバシティ**は，外見からは判別しにくいものである。そこには，職歴，勤続年数，教育歴，スキルレベル，思考スタイル，習慣，趣味，などといった，外見に表出しない内面的な特性が含まれる。

「深層の多様性の特性（価値，態度，知識，経験，性格）は，チームの構成員の心理的，認知的多様性を表している」（Bodla *et al.*, 2018: 714）。深層の多様性はしばしば「認知的多様性」（cognitive diversity）[4] と呼ばれる。

2.4 多様性と問題解決能力，創造性との関係

谷口 (2009) の多様性に対する第三の立場では，多様性が組織に与える影

---

4 cognitive diversity に対立する表現は，demographic diversity で「表層的な多様性」に相当する。

響に注目している。組織の構成員の多様性と問題解決能力および創造性の向上との関係については，これまでに数多くの研究が行われてきた。

> チームの構成員の認知的多様性は，問題解決行動や創造性を生む（Harrison & Klein, 2007; Shin *et al.*, 2012）。チームの構成員の多様性によってもたらされる知識，技能，経験が異なっていることは，情報理論と意思決定理論によれば創造性を促進する（Tziner & Eden, 1985）。また，多様性のあるチームの構成員は，自分のチーム外の情報ネットワークにより多くアクセスすることができるので，それがチームの創造性につながる可能性がある（Ancona & Caldwell, 1992）。このように，深層レベルの多様性の特性は，チームの創造性と正の相関をしている。
>
> （Bodla *et al.*, 2018: 714）

谷口（2009）の第二の立場に分類される複言語・異文化間教育およびその研究では「多様性の尊重」が中心で，多様性と創造性との関係は重要視されてこなかったように思う。

一般に，認知的多様性も含めた深層の多様性を知るには時間がかかる。「これらの個人的な相違を知るためのてがかりは，構成員同士のやりとりから時間が経過すればえられる。てがかりは，振る舞い，言語・非言語によるコミュニケーション，私的なやりとりで表現される」（Harrison *et al.*, 2002: 1031）。しかし，組織内でさまざまな背景を持つ構成員が時間をかけてやりとりをしていれば，自ずから問題解決能力や創造性に結びつくような認知的多様性が明らかになるという保証はない。認知的多様性を確実に把握できるようにするためには，組織の構成員に問題解決能力や創造性の向上に結びつくような技法を教えて，練習する必要がある。

2.5 問題解決，創造性に結びつく考えるための技法：日本の事例

我が国の教育でも，未知の状況にも対応できる思考力，判断力，表現力等の育成が重要視され，以下に示すような「考えるための技法」を用いた教育が行われるようになってきている。『高等学校学習指導要領（平成30年告示）解説　総合的な探求の時間編』（文部科学省, 2018）では，「考えるための

技法」を修得することの重要性が強調されている。

> 「考えるための技法」とは，考える際に必要になる情報の処理方法を，例えば「比較する」,「分類する」,「関連付ける」など，技法のように様々な場面 で具体的に使えるようにするものである。(中略) 生徒は自分がどのような方法で考えているのか，頭の中で情報をどのように整理しているのかということについて，必ずしも自覚していないことが多い。そこで，学習過程において「考えるための技法」を意識的に活用させることによって，生徒の思考を支援すると同時に，別の場面にも活用できるものとして習得させることが重要である。　　　(51–52 ページ)

　そして，学習指導要領 (97 ページ) において，各教科・科目等の目標や内容の中に含まれている思考・判断・表現に係る「考えるための技法」につながるものを分析し，概ね中学校段階において活用できると考えられるものを例として「順序付ける」,「比較する」,「分類する」,「関連付ける」,「多面的に見る・多角的に見る」,「理由付ける」,「見通す」,「見通す」,「具体化する」,「抽象化する」,「構造化する」の 10 の方法にまとめ，それぞれに簡単な説明をつけている[5]。後述するが，新潟大学教育学部附属新潟小学校でも独自の類似の試みをしている。そこで作成された表「思考の方法と思考のことば」には，17 種類の「思考の方法」とともに，それぞれに「思考のことば」があり，思考方法を小学生でもわかるようにやさしく手短に説明している (新潟大学教育学部附属新潟小学校, 2013)。
　CARAP にも「考えるための技法」とよく似たものがある。CARAP の「能力とリソースの参照枠」は，多元的アプローチによって養成される能力とそのリソースに関して教育目標を体系的かつ階層化して表したものであるが，「知識」(savoirs),「態度」(savoir-être),「技能」(savoir-faire) で構成されている。このうち「考えるための技法」と関係が深いのは「技能」であ

5　この「考えるための技法」は，泰山 (2014: 112) にある「抽出された教科共通の思考スキルとその定義」の表で示されている 19 種類の思考スキルに基づいている。泰山の「思考スキル」は，思考を「行動レベルまでに具体化」させたもので，指導要領の「考えるための技法」と同様の概念である。

る。複言語・異文化間教育の授業で言語・文化の多様性の学習をしながら，CARAP の参照枠の「技能」を用いれば「考えるための技法」を活用するのと同じような訓練もできる。

3.　CARAP と問題解決能力，創造性の養成
3.1　CARAP の教授法の特徴

　多元的アプローチの授業では，クラスにさまざまな出自の学習者がいるのでないかぎり，組織におけるさまざまな背景を持つ構成員の役割をさまざまな言語と文化がする。構成員同士のやりとりの代わりに複数の言語，文化を対象にして，比較したり，行ったり，来たりして教える。CARAP の多元的アプローチの教授法にはつぎのような特徴があるので，表層の多様性だけでなく認知的多様性も含めた深層の多様性を知るのに適している。

　　　　特徴 1　言語と文化の多様性を理解させるために，複数の言語を対象にし，かつ比較をする。
　　　　特徴 2　複数の言語を行ったり，来たりして教える。
　　　　特徴 3　就学言語（教授言語）として目標言語ではなく母語を用い，また必要に応じて比較の対象としても，母語を用いる。
　　　　特徴 4　解説をしてメタ言語能力を発達させる。
　　　　特徴 5　認知能力を発達させる。
　　　　特徴 6　必ずしも言語を習得することが目的ではない。

　しかし，組織内でさまざまな背景を持つ構成員が時間をかけてやりとりをしていれば，自ずから問題解決能力や創造性の向上に結びつくような認知的多様性が明らかになるという保証がないのと同様，多元的アプローチの教授法の授業も上の特徴を実行するだけでは不十分である。どちらの場合も，認知的多様性を確実に把握できるようにするためには，すでに取り上げた「考える技法」，「思考ツール」を使う必要ある。組織の構成員や学習者にその技法を教えて，練習する必要がある。CARAP の参照枠には，「技能」があるが，問題解決能力や創造性の養成に結びつくような認知的多様性を把握することが目標になっている能力とリソースの記述文があるだろうか。

3.2　CARAP の「能力とリソースの参照枠」

3.2.1　「技能」

「技能」は七つの節に分かれていて，それぞれに「私は○○ができる」という形式で書かれている能力とリソースの記述文が複数ある（Candelier *et al.*, 2012: 49–57）。以下にその節の名前とそれぞれのリソースの記述文中にある「考えるための技法」に関係している用語のうち主なものを示す[6]。

第 1 節　観察や分析をすることができる

　　分類する，関連づける，帰納的アプローチを用いる，仮説を立てる，切り離す，対応させる，読み解く，分割する，取り出す，読み取る，関連性（関係，性質，誤解，スキーマ（／ステレオタイプ／）を分析する，解釈体系を作り上げる

第 2 節　特定／識別をすることができる

　　特異性や関連性や類似性を特定（識別）する

第 3 節　比較することができる

　　隔たりに気づいたり，うち立てる，類似点と相違点を関連付ける，近接性／隔たりについての仮説を立てる（さまざまな基準を用いる，気づく），類似点に気づく，関係性（機能の仕方，構造，ジャンル，レパートリー）を比較する，近接性／隔たりを特定するために様々な基準を使う，関連付ける

第 4 節　言語や文化について話すことができる

　　話したり説明したりする，議論する，考えを述べる

第 5 節　別の言語を理解したり産出したりするために，ある言語についての知識を用いることができる

　　類似点や相違点についての仮説を構築する，「転移の基点」を特定する，転移点を知的に活性化している転移点と比較する，認識（産出，形式，内容，機能）の転移をおこなう，転移の妥当性を確認する，ストラテジーを特定し，応用する

6　本章では，CARAP のサイトにある大山万容訳の参照枠を用いた。つぎのサイトでダウンロードできる。https://carap.ecml.at/CARAPinEurope/tabid/3045/language/fr-FR/Default.aspx

第 6 節　やりとりをおこなうことができる

第 7 節　学習することができる

比較，帰納，演繹などをおこなう，活用する，間違いを訂正してもらうよう頼む，管理する，目標をはっきりと定める，方略を意識的に適用する，技能や知識を用いた経験を活かす，手順を観察したりチェックしたりする，進み具合／進展のなさをチェックする，方法を，それらの成功例や失敗例を考慮に入れながら比較する

　多元的アプローチでは，言語と文化を学習するためにこれらの技能を用いるのだが，意識的に活用すれば「考えるための技法」を習得するための良い訓練になる。先にとりあげた学習指導要領（52 ページ）にあるが，「それにより，生徒は別の場面でも「考えるための技法」を適切に選択し活用して課題解決することができるようになり，それが未知の状況にも対応できる思考力，判断力，表現力等の育成につながる」ことが期待できる。

3.2.2　「態度」

　すでに見たように，谷口（2009）の多様性に対する第三の立場では，多様性が組織に与える影響に注目している。マイナスの影響としては，組織の分断，構成員間のコンフリクトなどがあり，チームの構成員の多様性に組織内でどのように対処するかが問題になっている（堀田, 2015）。CARAP の参照枠「態度」の能力とリソースの記述文（Candelier *et al.*, 2012: 36–48）は，そのままチームの構成員に対する教育の目標としても有効であるように思える。

第 1 節　言語／文化と言語／文化／人間の多様性一般に対する注意，気付き，好奇心（興味），肯定的な受容，寛容さ，尊重，価値づけ

第 2 節　諸言語／諸文化および言語的／文化的多様性に関わる活動に携わろうとするレディネス，意欲，意志，願望

第 3 節　疑問を持つ，距離をとる，脱中心化する，相対化する，態度／姿勢

第 4 節　適応することへのレディネス，自信，親近感

この CARAP の参照枠の「態度」は，言語・文化の多様性に対する対処の仕方としてだけでなく，組織の構成員の多様性に対する対処の仕方としても有効である。ただ，「態度」は，「知識」，「技能」とは違って，「考えるための技法」を構成する項目として扱うことはできない。

　CARAP には，ますます増大する**多様性**，問題解決能力，創造性の向上に対しても有効であるように思われる参照枠の「**技能**」，多様な構成員からなる組織で必要とされる参照枠の「**態度**」，現代社会が求めている 3 つが備わっている。でも少しだけ工夫の余地がある。

3.2.3　ブルーム・タキソノミーの問題

　CEFR の「一般的能力」の分類，知識，技術，実存的能力（態度），学習能力は，おおよそブルーム・タキソノミーにそったものである。これはアメリカの教育心理学者ブルームらによって開発された教育目標の分類学（Bloom *et al.*, 1956）に基づいているもので，KSA（Knowledge, Skill, Attitude）と呼ばれ，教科内容とは独立しているので，さまざまな教育分野で広く用いられてきた。言語による異文化間教育の分野でも，数多くの研究者が用いている。また，このブルーム・タキソノミーでは教育目標の名詞的局面と動詞的局面が混在しているが，CARAP の参照枠の能力とリソースの記述文もそのようになっている。たとえば，CARAP の「技能」の参照枠には，「文化的差異から生じる誤解を分析することができる」という教育・学習目標の能力とリソースの記述文があるが，名詞的局面である「文化的差異から生じる誤解」と動詞的局面である「分析する」とは，結びつけられている。名詞的局面と動詞的局面が独立して提示されていない。これでは，容易に能力とリソースの記述文を拡張したり，文脈化したりすることはできない。

　CARAP の参照枠は，もともと教育関係者のためのもので，学習者用ではないが（Candelier *et al.*, 2012: 10），このままでは認知機能が十分に発達していない低学年の学習者には使えない教育・学習目標もある。たとえば，CARAP の参照枠には「ある言語の知識や技能を発達させるために，その言語で習得した知識や技能を（言語内での比較，帰納，演繹などをおこなうことによって）用いることができる」という教育・学習目標がある。教授者の説明がなければ，「帰納，演繹」のような「メタ認知的知識」を理解できる

学習者は多くないと思われる。

　こうした点を改善することができるのが，Anderson *et al.*（2001）による
「改訂版タキソノミー」である。

4.　ブルーム・タキソノミー「改訂版」と CARAP の参照枠 [7]

　改訂版タキソノミーの特徴は二つある。ひとつは「メタ認知」，とりわけ
メタ認知的知識が加えられたことであり，もうひとつはつぎのような二次元
構成になっていることである [8]。

4.1　「知識次元」と「認知過程次元」との二次元構成

　改訂版タキソノミーは，教育・学習目標が名詞的局面の「知識次元」と動
詞的局面の「認知過程次元」の二次元構成になっている。

表1　タキソノミー・テーブル

知識次元	認知過程次元					
	1. 記憶 する	2. 理解 する	3. 適用 する	4. 分析 する	5. 評価 する	6. 創造 する
A. 事実的 　知識						
B. 概念的 　知識						
C. 手続的 　知識		✕				
D. メタ認知的 　知識						

（Anderson & Krathwohl, 2001: 28 訳 石井（2014: 28））

7　この節の内容の一部は，2021 年 9 月 25 日に西山教行氏が主催した「「ヨーロッパ言語
　共通参照枠」に関する批判的言説の学説史的考察研究会」で発表した「英語は，コミュニ
　ケーションの道具に徹し，複言語主義教育は，それ以外の言語にまかせない」に基づいて
　いる。

8　三宮（2008: 7–12）の「第 3 節　メタ認知の定義と分類」でも類似の二次元構成が紹介さ
　れている。

　この利点は，まず習得させたい（習得したい）のは，四種類の知識のうちどの知識なのかを明確にすることができる。つぎに習得させたい（習得したい）知識をどうしたいのかを六種類の認知プロセスから選択することができる。それぞれ「何を」，「どのようにして」学ぶかに関係していて，いずれも自律した学習者になるためには，必要な能力である。もちろん教授者にとっても教授内容，方法を明確にするのに役立つだけでなく，観点評価をするときにも役立つ。この表を見れば，転移を実現するために実行する認知プロセスとの 24 通りの組み合わせが可能である。

4.2　転移とは，具体的に何をすることなのか

　学習するという行為には，ほぼすべて転移が含まれていて，すべての教育の目的のひとつは，転移を促すことである。

　　教育のもっとも重要な目的をふたつあげるならば，それは記憶保持と（有意義な学習であることを示す）転移を促進することである。記憶保持とは，習ったときと同じように後からそのことを思い出すことができることである。転移は，新しい問題を解決したり，新しい疑問に答えたりするために，あるいは新しいことの学習を容易にするためにすでに学習したことを用いることができることである（Mayer & Wittrock, 1996）。もっと簡潔に言うならば，記憶保持は学生が習ったことを思い出せることであり，一方転移は習ったことを思い出すだけでなく，理解し，利用できることである。　　　　　　　　　　（Anderson & Krathwohl, 2001: 63）

すべての教育の目的のひとつは，転移を促進することであるのだから，転移は，複言語・異文化間教育に特有なことではない。このことを念頭において，「転移（する / させる）」について詳しく理解するには，認知心理学の成果，特に Anderson & Krathwohl（2001）の認知プロセスについての説明が役立つ。

　認知プロセスは六つのカテゴリーで構成され，より低次の認知プロセスである「記憶する」から，より高次の認知プロセスである「創造する」まで階層化されている。このうち「記憶する」だけが記憶保持に関係していて，残

りの五つのカテゴリーはすべて転移に関係している（66ページ）。つまり，
認知プロセス「記憶する」は知識を記憶保持のために，残りの五つの認知プ
ロセスは知識の転移を実行するために使われる。それで，

> 教育の目的が転移を促進することであるなら，その目標には，「理解す
> る」，「応用する」，「分析する」，「評価する」，「創造する」に関係した認
> 知プロセスを含んでいる必要がある。（Anderson & Krathwohl, 2001: 91）

つまり，転移は，認知プロセスを実行することによって実現する。認知プロ
セスの六つのカテゴリーには，合計19の下位のカテゴリーがあるが，この
うち記憶保持の認知プロセス，「記憶する」に属する二つの下位カテゴリー
を除く17のカテゴリーが転移に関係している（91ページ）。表にするとつ
ぎのようになる[9]。

表2　六つの認知プロセスのカテゴリーとそのサブタイプ

低レベル認知プロセス ➡				高レベル認知プロセス	
記憶する	理解する	適用する	分析する	評価する	創造する
それとわかる 思い出す	解釈する 例示する 分類する 要約する 推測する 比較する 説明する	遂行する 実施する	区別する まとめる 原因を見つける	調べる 批評する	発案する 計画する 生み出す

（Anderson & Krathwohl, 2001: 31; 67–68 に基づいて作成）

　複言語・異文化間教育では，「比較」が頻繁に用いられるが，比較は転移
を実現するためにある17の認知プロセス下位カテゴリーのひとつにすぎな
い。また，すべての学習に転移が関与しているわけではない。たとえば，フ
ランス語の冠詞を学習する場合を考えてみよう。フランス語の冠詞の形を覚
える。この行為自体は，上の「記憶する」に分類され，転移ではない。で

9　実際には17の下位カテゴリーのそれぞれにはさらに下位のカテゴリーがある。
　Anderson & Krathwohl（2001: 67–68）を参照されたい。

も，既習の英語の冠詞と「比較」しながら学習するならば，上の「理解する」に分類され，転移が関与していることになる。

CARAP では転移は「この用語は，他の言語／文化について用いている「知識」，「技能」，「態度」を，ある別の言語／文化の（考えたり話したりする）すべての活動のためにうまく利用するすべての操作をさす」(Candelier *et al.*, 2012: 61) と定義されている。改訂版タキソノミーの定義とほぼ同じである。したがって，CARAP の参照枠の「技能」の第 5 節が明示的に転移を扱っているが，「技能」にあるそれ以外の節の能力とリソースの記述文もほぼすべて転移に関係していると言える[10]。

4.3　メタ認知的知識の重要性

「メタ認知的知識」は，Beacco *et al.* (2016: 37; 55) が転移可能なものとして取り上げている学習方略と部分的に共通している。同じように，CEFR が「言語別のものではなく，複数の言語間の横断，転移が可能」であるとしている「学習能力」は，この知識に関する能力である。言語活動のための方略に関しては，CEFR に詳しい記述 (60–93) がある。「改訂版タキソノミー」では，「メタ認知的知識」と呼ばれる認知に関する知識は，三種類ある (Anderson & Krathwohl, 2001: 55–60) が，ここでは「学習，思考，問題解決のための一般的な方略についての知識」である「方略についての知識」について特に取り上げる[11]。それは，「方略についての知識」には「メタ認知方略」と呼ばれるサブタイプが含まれていて，認知過程次元にある個々のメタ認知プロセスについて知ることができるからである。

すでに指摘したよう CARAP の参照枠には，教授者の説明がなければ，このままでは認知機能が十分に発達していない低学年の学習者には理解するの

10　Candelier *et al.* (2012: 61) の転移の定義の中には，「態度」も入っているが，「態度」の能力とリソースの記述文にある「好奇心」，「受容」，「寛大さ」，「尊重」などは Anderson & Krathwohl (2001) の認知プロセスのリストにはない。またすぐ後で取り上げる思考の方法を示す表の中にもない。つまり，転移を実現するための認知プロセスの一つであっても，思考とは関係が薄いプロセスである。「知」ではなくて，「心」に属する問題である。

11　「改訂版」のこの「メタ認知的知識」は，メタ認知研究の先駆者フレイヴェルの提起したモデル (Flavelle, 1979) を参考にしている (Anderson & Krathwohl, 2001: 56)。両者の相違点に関しては，石井 (2003: 210–212) を参照されたい。

が難しい教育・学習目標もある。改訂版タキソノミーのように，「メタ認知的知識」として他の知識とは独立したカテゴリーになっていれば，学習者は，教授者の助けを借りて，どのような認知プロセスなのかを知ることができる。また，「メタ認知的知識」は，人間の一般の認知プロセスについての知識なのだから，言語活動以外の活動でも有効に機能する。認知機能が十分に発達している成人に対して，組織のために認知的多様性に関する説明をするときにも活用できる。

　以下に新潟大学教育学部附属新潟小学校が作成した「思考の方法と思考のことば」という名前の表を示す。「2.5　問題解決，創造性に結びつく考えるための技法」ですでに言及したが，「思考の方法」（認知プロセス）が小学生でもわかるようにやさしい「思考のことば」で説明されている。

表3　思考の方法と思考のことば

思考		
「何を基に」 既習の知識や技能	「何に向かって」 目的・課題解決	「どのように考えているのか」 思考の方法
思考の方法	思考のことば	
○仮定する	「もし〜ならば，〜となる」	
○推量する	「〜は，○○になっている。だから，〜は△△なのではないか」	
○比較する	「○○と△△を比較して，その違いから〜がわかる」	
○視点（立場），あるいは観点を変える	「もし〜の観点（視点・角度・理論・立場）から見たら，どうなるだろうか」	
○共通の基準で見る	「〜にあてはめると〜になる」	
○関係付ける	「○○と△△がどのように関係しているのか」 「〜の原因として，どんなことが考えられるだろうか」	
○帰納的に見る	「A, B, C から，〜のきまりがいえる」	
○類推する	「〜でうまくいったので，〜でも，うまくいくであろう」	
○演繹的に見る	「〜のきまりからDが説明できる」	
○拡張する	「他にもっとよいやり方はないかな」 「では，〜の場合はどうなるだろうか」	
○焦点化する	「まずできるだけたくさん可能なものを挙げて，その中から，一番よいものを選んでみよう」	
○逆発想する	「もし〜でなく，その逆（反対）であったらどうなるだろうか」	

○再分類・再編成する	「他の基準で分類したらどうなるだろうか」
	「構成要素は何であるか，もう一度見直してみよう」
○加減する	「〜の時は，何を使ったら，よいかな」
	「もし〜がなかったとしたら，どうなるだろうか」
○変換する	「大きさ（長さ・重さ・体積・傾きなど）が変わったら，ど
	うなるかな」
○具象化する	「図を書いて考えてみてはどうかな」
○連想する	「〜と似たものにどんなものがあるだろうか」

（新潟大学教育学部附属新潟小学校, 2013: 6）

改訂版タキソノミーでは，17 の下位カテゴリーのそれぞれにはさらに下位のカテゴリーがあり（Anderson & Krathwohl, 2001: 67–68），実際に活用するにはハードルが高すぎる。この点，この小学校の「思考の方法と思考のことば」は活用しやすい[12]。国立教育政策研究所（2013: 77）は，この「思考の方法と思考のことば」をつぎのように紹介している。

　　同校では，学習指導要領が掲げる「知識や技能の習得と基礎学力，思考力・判断力・表現力の育成」の理念を実現する上で，知識や技能を活用する力こそが学力の中核になると位置づけた。では，この「活用型学力」とは何か。それを具体的に子どもの問題解決場面に照らしてみた時，既習の知識や経験を基にしながら，これらの知識や経験，情報を比較したり見直したり組み合わせたりしながら，解決方法を考えていく子どもの姿が想定される。（中略）このような総合的な力，すなわち，「子

12　この小学校の「思考の方法と思考のことば」の役割について，国立教育政策研究所教育課程研究センターの教育課程の編成に関する基礎的研究の報告書 5 『社会の変化に対応する資質や能力を育成する教育課程編成の基本原理』は，つぎのように紹介している。「同校は，教育目標として，「創造的思考力」，すなわち「子ども自ら既習事項を基に対象に働き掛け，様々な情報を得，それらを既習の知識と意味付けたり，関係付けたりして，新しい知識をつくり出す力」を掲げる。その上で，思考過程のステップとして，既習の知識の「もち出し」と「結びつけ」による「問題解決」があるとする。この既習知識をもとにして問題解決へと向かう「考え方」を，教科を問わない共通の「思考の方法」として定義し，それを児童に捉え易いように話形──「思考のことば」──で示す（表 3）。この思考の方法やことばを教科横断的に，ただし，教科の特性や発達段階に合わせて活用することで，全体として「創造的思考力」が身につくことが想定されている」（23 ページ）。

ども自ら既有の経験を基に対象に働き掛け，様々な情報を得，それらを
既習の知識に意味付けたり，関係付けたりして，新しい知識をつくり出
す力」を「創造的思考力」と定義し，この力を各教科・領域において授
業を通して高めていくことを目指した。

引用文中の「新しい知識をつくり出す力」とは，これまで問題にしてきた
「転移を実現するための認知プロセス」を実行できることである。そして，
そのためには認知プロセスを説明する「思考のことば」すなわちメタ認知的
知識が必要になる。

4.4 知識次元，認知過程次元，参照枠

　つぎの図1は，目標のタキソノミー・テーブルへの分類の仕方を示して
いる。この図では，目標に関する記述文が冒頭にあり，それを名詞と動詞に
分け，つぎに知識次元と認知過程次元を通過させて，タキソノミー・テーブ
ルに記入するようになっている。

　授業の目標を示す記述文を構成している項目を，タキソノミー・テーブル
を用いて知識次元と認知過程次元に分類するのが目的でなく，授業の目標を
明確にするために，あるいは第三者に明示するために記述文を作成するのが
目的である場合は，図の上半分だけを対象にすれば良い。そして，必ずしも
矢印で示されている手順に従う必要はない。まずCARAPの目的語に相当す
る名詞を決める。つぎに知識次元に一覧表がある場合は，そこから選ぶ。つ
づいてCARAPの述語に相当する動詞を決める。そのためには，すでに取り
上げた「思考の方法と思考のことば」やAnderson & Krathwohl（2001: 31;
67–68）を活用する。そして，最後に選んだ名詞と動詞を組み合わせて記述
文を作成する。

　タキソノミー・テーブルを作成し，学習者に示すことも必要である。それ
は，学習者にとってタキソノミー・テーブルを用いて自分が授業で行う /
行ったことがどの知識次元とどの認知過程次元に分類されるのかを知ること
が重要だからである。こうすることによって，学習者ははじめて自分が習得
する / 習得したことをより一般化することができる（Anderson & Krathwohl,
2001: 42）。そうしなければ，学習者は習得したことを別の場面で活用でき

ない。「態度」をどのように反映させるかは残された今後の課題である。

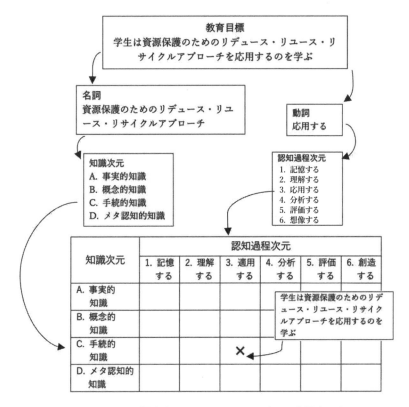

図1　いかに目標をタキソノミー・テーブルに分類するか

（Anderson & Krathwohl, 2001: 32 に基づいて作成）

5.　まとめ

　多様性は諸刃の剣であるが，そのマイナス面を減らし，プラス面を増やすのに複言語・異文化間教育は役立つだろう。しかし，そのためには認知プロセスに関するメタ認知知識が必要である。複言語・異文化間教育の授業でメタ認知知識を習得し，認知プロセスを活用することは，他の分野でも，組織の構成員の多様性を利用して問題解決能力や創造性を向上させるのに役立

つ。したがって，複言語・異文化間教育の目的を，多様性の尊重，寛容だけに限定せず，問題解決能力，創造性の養成も加えるのが望ましい。本来の目的として加えないまでも，副次的な目的として公言する必要がある。それは，現代社会が求めている能力であるだけに，英語以外の外国語教育を存続させるための強力な説得力のある理由になるからである。

文　献

石井英真 (2003).「メタ認知を教育目標としてどう設定するか―「改訂版タキソノミー」の検討を中心に―」『京都大学大学院教育学研究科紀要』49, 207–219.

石井英真 (2014).「高次の学力の質的レベルを捉える枠組み― N. L. ウェブの「知の深さ」を中心に―」『教育方法の探究』17, 25–32.

大山万容 (2016).『言語への目覚め活動―複言語主義に基づく教授法―』くろしお出版.

国立教育政策研究所教育課程研究センター (2013).『教育課程の編成に関する基礎的研究の報告書 5 社会の変化に対応する資質や能力を育成する教育課程編成の基本原理』.

三宮直樹 (2022).「外国人雇用中小企業における経営者行動と組織変革プロセス―修正版グラウンデッド・セオリー・アプローチ (M-GTA) を活用した探索的研究―」『大阪商業大学論集』17(3), 51–72.

三宮真智子 編著 (2008).『メタ認知―学習力を支える高次認知機能―』北大路書房.

泰山 裕 (2014).『思考力育成を目指した授業設計のための思考スキルの体系化と評価』博士論文.

谷口真美 (2008).「組織におけるダイバシティ・マネジメント」『日本労働研究雑誌』574, 69–84.

谷口真美 (2009).「ダイバシティ研究とその変遷―国際ビジネスとの接点―」『国際ビジネス研究』1(2), 19–29.

谷口真美 (2016).「多様性とリーダーシップ―曖昧で複雑な現象の捉え方―」『組織科学』50(1), 4–24.

新潟大学教育学部附属新潟小学校 (2013).『研究紀要第 70 集 創造的思考力を高める授業』

堀田彩 (2015).「日本におけるダイバーシティ・マネジメント研究の今後に関する一考察」『広島大学マネジメント研究』16, 17–29.

文部科学省 (2018).『高等学校学習指導要領（平成 30 年告示）』

Ancona, D., & Caldwell, D. (1992). Demography and design: Predictors of new product team performance. *Organization Science*, 3(3), 321–341.

Anderson, L. W., & Krathwohl, D. R. (eds.), Airasian, P. W., Cruikshank, K. A., Mayer, R.

E., Pintrich, P. R., Raths, J., & Wittrock, M. C.（2001）. *A taxonomy for learning, teaching, and assessing A revision of Bloom's taxonomy of educational objectives,* New York: AddisonWesley Longman.

Beacco, J-C., & Byram, M.（2003）. *Guide pour l'élaboration des politiques linguistiques éducatives en Europe : De la diversité linguistiques à l'éducation plurilingue,* version intégrale, projet 1（rév.）, Conseil de l'Europe.

Beacco, J.-C., Byram, M., Cavalli, M., Coste, D., Egli Cuenat, M., Goullier, F., & Panthier, J.（2016）. *Guide pour le développement et la mise en œuvre de curriculums pour une éducation plurilingue et interculturelle,* Conseil de l'Europe.

Bloom, B. S.（ed.）, Engelhart, M. D., Furst, E. J., Hili, W. H., & Krathwohl, D. R.（1956）. *Taxonomy of educational objectives: Handbook I: Cognitive domain.* New York: David McKay.

Bodla, A. A., Tang, N., Jiang, W., & Longwei Tian, L.（2018）. Diversity and creativity in cross-national teams: The role of team knowledge sharing and inclusive climate, *Journal of Management & Organization,* 24:5, 711–729.

Candelier, M., Camilleri-Grima, A., Castellotti, V., de Pietro, J.-F., Ildikó Lőrincz, I., Meißner, F.-J., Schröder-Sura, A., & Noguerol, A.（2007）. *A travers les langues et les cultures Across languages and cultures CARAP Cadre de Référence pour les Approches Plurielles des Langues et des Cultures,* Conseil de l'Europe.

Candelier, M., Camilleri-Grima, A., Castellotti, V., de Pietro, J.-F., Ildikó Lőrincz, I., Meißner, F.-J., Noguerol, A., & Schröder-Sura, A.（2012）. *Le CARAP Un Cadre de Référence pour les Approches Plurielles des Langues et des Cultures Compétences et ressources,* Conseil de l'Europe.

Conseil de l'Europe（2001）. *Cadre européen commun de référence pour les langues : apprendre, enseigner, évaluer.* Paris: Didier.（吉島茂・大橋理枝　他（訳・編）『外国語教育 II 外国語の学習，教授，評価のためのヨーロッパ共通参照枠』，朝日出版社.）

Coste, D.（ed.）, Cavalli, M., Crişan, A., & van de Ven Daniel, P.-H.（2007）. *Un Document européen de référence pour les langues de l'éducation ?,* Conseil de l'Europe.

Flavelle, J.（1979）. Metacognition and cognitive monitoring: A new area of cognitive developmental inquiry. *American Psychologist,* 34, 906–911.

Harrison, D. A., Price, K. H., & Bell, M. P.（1998）. Beyond relational demography: Time and the effects of surface- and deep-level diversity on work group cohesion. *Academy of Management Journal,* 41, 96–107.

Harrison, D. A., Price, K. H., Gavin, J. H., & Florey, A. T.（2002）. Time, teams, and task performance: Changing effects of surface- and deep-level diversity on group functioning. *Academy of Management Journal,* 45, 1029–1045.

Harrison, D. A., & Klein, K. J.（2007）. What's the difference? Diversity constructs as separation, variety, or disparity in organizations. *Academy of Management Review*, 32 (4), 1199–1228.

Jackson, S. E., May, K. E., & Whitney, K. (1995). Understanding the dynamics of diversity in decision-making teams. In R. A. Guzzo, E. Salas & Associates (eds.), *Team effectiveness and decision making in organizations.* (pp. 204–261). San Francisco, CA: Jossey-Bass Publishers.

Mayer, R. E., & Wittrock, M. C. (1996). Problem-solving transfer. In D. C. Berliner & R. C. Calfee (eds.), *Handbook of educational psychology* (pp. 47–62). New York: Macmillan.

Milliken, F. J., & Martins, L. L. (1996). Searching for common threads: Understanding the multiple effects of diversity in organizational groups. *Academy of Management Review*, 21, 402–433.

Shin, S. J., Kim, T. Y., Lee, J. Y., & Bian, L. (2012). Cognitive team diversity and individual team member creativity: A cross-level interaction. Academy of Management Journal, 55(1), 197–212.

Trinh, M. (2016). Which matters more? Effects of surface- and deep-level diversity on team processes and performance, in Julie Prescott, J. (ed) *Handbook of research on race, gender, and the fight for equality* (pp. 213–239), IGI Global.

Tziner, A., & Eden, D. (1985). Effects of crew composition on crew performance: Does the whole equal the sum of its parts? *Journal of Applied Psychology,* 70(1), 85–93.

Williams, K., & O'Reilly, C. (1998). Demography and Diversity in Organizations: A Review of 40 Years of Research, *Organizational Behavior*, Volume 20, 77–140.

第5章

イタリアの言語教育政策に見る plurilinguismo と複言語主義
―イタリア人生徒と外国人生徒の教育政策の比較から―

西島順子

　本章は，イタリアで plurilinguismo を包摂し，1975 年に創出された「民主的言語教育」が，イタリアの言語教育政策に与えた影響を明らかにした。イタリア人生徒を対象とした政策はこの民主的言語教育の理念の影響を受け続け，現在も母語教育の文脈においてイタリア固有の plurilinguismo が継承されている。そこには民主的言語教育の提唱者で言語学者のトゥッリオ・デ・マウロの政策への介入があった。一方，外国人生徒に向けた言語教育政策は欧州評議会の複言語主義の影響を大きく受け，その方針を取り入れている。

キーワード
plurilinguismo，複言語主義，民主的言語教育，トゥッリオ・デ・マウロ，イタリアの言語教育政策

1.　はじめに

　現在，イタリアでは欧州評議会の言語政策の影響を受け，複言語主義を推進する動きが見られる。例えば，2010 年にすべてのイタリアの公立高校において CLIL（Content and Language Integrated Learning 内容統合学習）を必修にするとの通達が出され[1]，その後も，就学前教育，初等・中等教育の生徒

1　D.P.R 15 marzo 2010, n. 89. Regolamento recante revisione dell'assetto ordinamentale,

に向けて CLIL の取り組みが積極的に行われている（植松・長田, 2017）。また，CARAP/FREPA（Framework of Reference for Pluralistic Approaches to Languages and Cultures 言語と文化への多元的アプローチのための参照枠）の研修や実践も散見され[2]，学生の複言語能力や異文化間能力を促進する動きもある。加えて，2022 年にイタリア教育省は外国を出自とする生徒の統合のための提案などをまとめた『異文化間への指針』（Ministero dell'Istruzione, 2022）を発表した。これは，それまでの外国人生徒[3] へ向けた言語教育政策を改めて強化するもので，複言語主義も推奨している。しかしイタリアの複言語主義に関わる言語教育は今に始まったわけではない。イタリアでは 1970 年代に他国に先んじて複言語主義に類似する言語教育が創出されていた。

　本章は，この過去の言語教育が，現在のイタリアの言語教育に与えた影響を検証する。

2.　研究背景

　現在，言語教育で議論されている複言語主義は，1990 年代後半から欧州評議会の言語政策において議論され，2001 年の *Common European Framework of Reference for Languages*（以下 CEFR）で提起された言語教育の理念を指す。しかし，それとは時代も政治的背景も異なる 1970 年代のイタリアで，複言語主義と類似する言語教育がすでに提唱されていた。イタリア言語学会分科会の GISCEL（Gruppo di Intervento e Sutudio nel Campo dell'Educazione Linguistica：言語教育研究協力グループ）は複言語主義に極めて近い plurilinguismo を包摂する Dieci tesi（以下，「10 のテーゼ」）[4] と呼ばれる言語教育改革の宣言を 1975 年に発表している（GISCEL, 1977）。この「10 のテー

---

organizzativo e didattico dei licei a norma dell'articolo 64, comma 4, del decreto-legge 25 giugno 2008, n. 112, convertito, con modificazioni, dalla legge 6 agosto 2008, n. 133.

2　FREPA in Italy, Il CARAP e gli approcci plurali in Italia https://carap.ecml.at/CARAPinItaly/tabid/3259/language/en-GB/Default.aspx（2022 年 9 月 31 日閲覧）

3　イタリアの政策文書では，移民生徒も含め，イタリア国籍を持たない生徒は外国人生徒 gli studenti stranieri と称される。本章ではこの用語に従う。

4　Dieci tesi（10 のテーゼ）の改訂版は，現在も GISCEL のホームページにて閲覧が可能である。https://giscel.it/dieci-tesi-per-leducazione-linguistica-democratica/（2022 年 9 月 31 日閲覧）

ゼ」は「民主的言語教育」と称する言語教育を提唱しており，そこには plurilinguismo の概念が認められる。なお，本稿では欧州評議会が推進する plurilinguisme/plurilingualism を「複言語主義」と訳し，それと区別するためにイタリアを起源とする plurilinguismo は原語のまま用いる。

　この民主的言語教育は言語学者トゥッリオ・デ・マウロ（Tullio De Mauro, 1932–2017）によって創出された。デ・マウロは，1950 年代にイタリアの文芸批評で創出された plurilinguismo の概念[5] を 1960 年代から言語学の分野において構想し，「複言語状態」や「複言語政策」，「複言語能力」といった意味で使用し，1970 年代に民主的言語教育へと応用した（西島, 2019）。「10 のテーゼ」に plurilinguismo という用語は使用されていないが，その第 8 章「民主的言語教育」はデ・マウロが構想した plurilinguismo の概念を包摂している。

　第 8 章では，まず，各々の生徒がすでに所有している口語（方言や少数言語）の能力を認めること。次に，生徒の出自によって異なる多様な言語を尊重すること。また，生徒の口頭能力を発達させるために，あらゆる表現能力や表象能力[6] を発達させること。加えて，方言などのなじみのあるインフォーマルな言語から，より広範囲で使用されるフォーマルな標準イタリア語へ，また高度で専門的な言語へと能力を獲得することなどがあげられている。第 8 章に包摂される plurilinguismo は方言や少数言語のみを示すものではない。言語以外の身体表現，フォーマル・インフォーマルな言語，および専門的言語といったバリエーションも一種の plurilinguismo である。これはデ・マウロが論考でたびたび論じている概念でもある。

　民主的言語教育は，イタリア共和国憲法第 3 条「すべての市民は，対等な社会的尊厳を有し，（中略）言語，（中略）による区別なく，法律の前に平等である」という基本的人権にもとづくもので，「他者の言いなりになることもなく，他者を傷つけることもなく，そこに生きることを学ぶ第一歩とな

5　イタリアの文芸批評家コンティーニは，ダンテがラテン語や俗語，多様な文体，音韻，社会階層の違いによる語彙を同時に使用していることを指摘し，その作品を plurilinguismo であると論じた（Contini, 1951）。

6　原文は le capacità espressive e simboliche である。simbolico は「表象の」「象徴の」「記号の」という意味で，身振り手振りなどの身体表現を含めたあらゆる表現を意味する。

る」(「10 のテーゼ」第 8 章) ための教育である。個々人がもつ言語を起点とし，その社会で必要な複数の言語能力の拡張を図り，他者と相互理解をしながら，社会的存在として，また市民として，自律的に行動する者を育成する。

　では，なぜ 1970 年代のイタリアで複言語教育が創出されたのか。それは当時，言語格差を要因とする社会的不平等が存在していたためである。1861 年の国家統一以来，イタリア政府はイタリア語 (フィレンツェ語) を教育言語として振興したが，1960 年代に至っても，低学歴者や地方在住者，南部在住者にイタリア語は十分普及しておらず，イタリア語を理解しない方言話者や少数言語話者の生徒は義務教育を修了することができなかった (De Mauro, 1978: 103–104)。実際のところ，当時のイタリアで前期中等教育 (11 ～ 14 歳) に就学する者は 63.1 ％にとどまっていた。また，国民の 3 分の 1 が機能的な識字能力を持たなかったとも分析されている。それらの原因の一つは，イタリア語を単一言語として進めてきた教育政策にある。民主的言語教育は，この教育格差や社会的不平等を是正するために提言され，それまでイタリア語を唯一の教育言語と位置づけてきた学校教育を批判し，各々の生徒が所有する複数言語を学校で承認した (西島, 2020: 71–72)。

　イタリアに固有の plurilinguismo の概念はいち早く言語教育に応用されたにもかかわらず，現在のイタリアで，民主的言語教育の plurilinguismo が議論されることはない。本稿では，デ・マウロが構想し，言語教育に応用した plurilinguismo が欧州の言語政策や移民政策の影響のなかで現在に至るまで継承されてきたか，1975 年以降の学校の言語状況や言語教育政策の文書の検証を通じて明らかにする。

3.　学校に存在する複数の言語

　民主的言語教育はイタリアの多様な言語状況に対応するために提言された。ではその後，言語状況はどのように変容したであろうか。ISTAT (Istituto Nazionale di Statistica イタリア国立統計研究所) は 1977/78 年度から 2015 年にかけて 6 歳以上のイタリア市民を対象に家庭内の使用言語の調査を行った (ISTAT, 2017)。

　1987/88 年度の時点で「イタリア語のみ，あるいは主にイタリア語を話

す」者は 41.5％，「イタリア語と方言の両方を話す」者は 24.9％，「方言の
み，あるいは主に方言を話す」者は 32.0％であった。約 40 年が経過した
2015 年，「唯一あるいは主にイタリア語を話す」者は 45.9％で大きな変化は
見られないが，「イタリア語と方言の両方を話す」者は 32.2％に増加し，
「唯一あるいは主に方言を話す」者は 14.1％に減少した。「唯一あるいは主
にイタリア語を話す」者（45.9％）と「イタリア語と方言を話す」者（32.2％）
を合わせればイタリア語話者は 78.1％になり，イタリア語が相当に普及し
たことがわかる。1970 年代まで教育現場でのイタリア語の無理解にもとづ
く教育格差が問題となっていたが，それは緩和されたと推測できる。また，
「イタリア語と方言を話す者」が増加したことにも着目したい。これは方言
を維持しつつ，イタリア語を獲得したことを示しており，多言語状態が保た
れていると推察できる。

　同統計はイタリア国内で新たな言語問題が顕在化したことも示す。「他の
言語」の割合は年々増加し，2015 年には 6.9％に上昇している。その背景に
は移民の存在がある。イタリア政府は 1970 年代から[7]労働力不足の解消のた
め，外国に移住したイタリア人の本土回帰を促進すると同時に，1975 年に
外国人家事従事者の労働許可を通達[8]し，外国人労働者の受け入れを開始し
た。その後，1980 年代にはイランやイラク，ベトナムからの難民やアフリ
カからの密入国者の流入があり，1990 年代以降，ますます増加する密入国
者や内戦・紛争による難民，および労働者などの移民への対応を行った
（Colucci, 2018）。

　これらの人口動態に呼応して，学校の外国人生徒[9]は増加した。2019/2020
年度に義務教育の全生徒のなかで外国人生徒が占める割合は約 87 万人
（10.3％）となった（MIUR, 2021: 8）。特に移民の多い北部では，その割合は
より高い。

　これまでイタリアでは多様な言語や方言が存在し，近年ようやくそれらの

7　戦後の労働力獲得のために移民を受け入れたオーストリアやドイツ，および植民地の歴
　史があり旧植民地国から移民を受け入れたフランスやイギリスなどとは異なり，イタリア
　の移民受け入れの歴史は他のヨーロッパの国々に比べても浅い（斎藤 2017: 37）。

8　La circolare（21 luglio 1975, 7/122）; Ministero del Lavoro.

9　「イタリア国籍ではない生徒」を意味する。

言語をある程度保持した状態で，イタリア語が共通語として普及した。しかしその一方で，新たな言語を所有する外国人が増加し，その言語話者は学校にも到来している。

　このような変遷のなか，1975 年に提唱された民主的言語教育はその理念を教育現場に反映していっただろうか。そして今もその概念は継承されているだろうか。次に「10 のテーゼ」宣言以降の政策文書を分析し，その影響を明らかにする。

4.　民主的言語教育提唱後の言語教育政策

　Balboni（2009）や Lo Duca（2010），Gensini（2015），Pizzoli（2018）はイタリアの言語政策を論じる研究で，民主的言語教育に着目し，当時の言語政策に影響を与えたことを指摘している。しかし，これらの研究は「10 のテーゼ」の発表直後の 1970 年代後半から 1980 年代にかけての教育政策への影響を論じるものの，1990 年代以降については明らかにしていない。1990 年代以降の影響について論じる唯一の研究として，*Educazione linguistica democratica, A trent'anni dalle Dieci tesi*（『民主的言語教育　10 のテーゼからの 30 年』）（GISCEL, 2007）があげられる。この研究は民主的言語教育の発表後から 2000 年代初期までの教育政策への影響を，政治的な経緯も踏まえて解説している。しかし，これらの先行研究は民主的言語教育が影響を与えた教育政策を指摘してはいるものの，具体的な影響を論じていない。また，2000 年代後期から現在にかけての動向に関しては今後の研究が待たれる。

　以下では，これらの先行研究を手掛かりとして，民主的言語教育が発表された 1975 年以降の教育政策を分析し，民主的言語教育の plurilinguismo が政策文書へ与えた影響を調査する。教育政策はイタリア人生徒と外国人生徒に向けてそれぞれ異なるため，両者を別箇に分析した。なお，本調査は義務教育段階の初等教育から中等教育の政策文書に限定する。

4.1　イタリア人生徒へ向けた言語教育政策

4.1.1　民主的言語教育提唱後の影響（1970 年代〜 1990 年代）

　本節では，民主的言語教育がいかにイタリア人生徒の言語教育政策に反映されたか明らかにする。

　複数の先行研究は，1975 年に発表された民主的言語教育が 1977 年の「公立中学校の教育と制度に関する Legge 31 dicembre 1962 n.1859 のいくつかの規定改正[10]（以下，「公立中学校の規定改正」）」に影響を与え，それが契機となり，1979 年の「公立中学校の授業計画，授業時間，および試験[11]（以下，「公立中学校の授業計画」）」や，1985 年の「小学校の新たな計画の認可[12]（以下，「小学校の新たな計画」）」の法律を成立に導いたと指摘している（GISCEL, 2007: 18; Balboni, 2009: 104, 109–110; Lo Duca, 2013: 59; Gensini 2015: 46–49）。

　まず，1977 年の法律「公立中学校の規定改正」の第 2 条には以下の一文が加えられた。Gensini（2015: 49）は，この改革によりイタリアの複雑な歴史と多言語状況，すなわち方言に限らないあらゆる言語変種，また少数言語に適した教育へと向かうことになったと指摘している。

　　より適切なイタリア語教育—ラテン語の起源や歴史の変化に触れながら—，および外国語教育を通して，言語教育を強化する
　　　　　　　　　　　　　　（「公立中学校の規定改正」（1977），第 2 条 a）

　これは，それまで正書法にもとづく標準イタリア語のみを認めてきた教育方針の改革を示唆するもので，生徒が保持している方言や少数言語など，つまりラテン語を起源とする言語変種を尊重し，生徒の言語状況に合わせた「より適切なイタリア語教育」を行うことを意味している。ここには民主的言語教育の plurilinguismo が認められる。

　その後，この法律をもとに 1979 年に「公立中学校の授業計画」が公布され，言語教育には次の方針が示された。

　　生徒の基本的な権利として，現実を批判的に理解する能力を発達させることは言うまでもなく，ことばの機能や形態のあらゆる〔言語の〕バリエーションの使用を習得させることを目指す。（中略）人は言語を用い

10　Legge 16 giugno 1977, n.348. Modifiche di alcune norme della Legge 31 dicembre 1962, n. 1859.
11　D.M. 9 febbraio 1979.
12　D.P.R. 12 febbraio 1985, n. 104.

てその内面の思考を豊かにし，整理し，明確にする。そして，口頭のコ
ミュニケーションという手段を確実にし，調整していく。

(「公立中学校の授業計画」(1979)，第 4 部，第 2 条 a. 言語教育，
〔　〕は筆者による補足)

　これによれば，生徒に批判的能力を身に付けさせることはもとより，語の
機能や形態のバリエーションを教えることも言語教育の目標である。人は言
語によって思考を豊かにし，口頭によるコミュニケーションをより確固たる
ものとしていく。思考を深めるために，口頭言語を中心に，あらゆる言語の
バリエーションを獲得することを推奨している。

　これに続くイタリア語科目の教科目標には次のようにある。

　ことばのあらゆる機能を絶えず確実に所有することは，人間の権利であ
る。ゆえに，さまざまな介入によって生徒の表現力を伸ばすことが学校
の基本的な目標の一つである。(中略)

すべての人のことば―言語および非言語―を教育課程に統合する必要が
ある。たとえそれらが教育言語と比べて特殊であっても，間違いなく口
語がその中心にある。

(「公立中学校の授業計画」(1979)，第 4 部，第 5 条 イタリア語，1. 目標)

　ここでは，言語の多様な機能を獲得させ，表現力を発展させること，また
非言語だけでなく，教育言語と比べて特殊な言語をも教育課程に統合する必
要があると論じている。生徒が用いるコミュニケーションの手段にはことば
にならない表現もあれば，標準イタリア語から逸脱した方言や少数言語など
の口語もある。しかし，ここではそれらをも承認する plurilinguismo の概念
が認められる。

　その後，1985 年には初等教育に関して「小学校の新たな計画」が公布さ
れた。GISCEL (2007: 18–19) は，民主的言語教育がこの法律に寄与しつつ
も，その影響は間接的であったと指摘する。しかし，授業計画に関わる箇所
には，次のような記述が見られる。

象徴や記号によって思考や感情を表現するそれぞれの言語活動は，人間に備わった能力である。特に口頭の言語活動に関わる言語教育では，ほかの形式の言語使用（イコン，音楽，身体，ジェスチャー，真似）によって生み出されたコミュニケーションや表現に対して注意を払わねばならない。　　　　　　　　（「小学校の新たな計画」(1985)，第 3 部 授業計画）

　ここでは生徒の言語能力をコミュニケーションの中でより幅広くとらえ，伝達表現のなかには言語以外に，音楽や身体，ジェスチャーなどによる表現もあり，それも見逃してはならないと注意を求めている。一見するとplurilinguismo と関係がないかに見えるが，これはデ・マウロが論じるplurilinguismo の一つの要素と合致する。デ・マウロは「さまざまなタイプの言葉（話し言葉，身振り，iconico など）の共存」(De Mauro, 1975a: 124)が plurilinguismo の一つの要素であると明言している。iconico，つまりイコンとは，コミュニケーションで利用できる，手振りや身体表現などの表象を意味するもので，デ・マウロは，あらゆる身体言語が口語に劣らず意味を伝達する大切な記号であると論じていた（西島 2018）。

　1991 年になると，公教育省ブロッカ評議会 [13] から『高等学校学習要綱と前期 2 年のカリキュラム』(Commissione Brocca, 1991; 以下，『高等学校学習要綱（前期 2 年)』)が，1992 年には『高等学校学習要綱と 3 年のカリキュラム』(Commissione Brocca, 1992; 以下，『高等学校学習要綱（後期 3 年)』)が発表された。

　GISCEL (2007: 19) は，1991 年の『高等学校学習要綱（前期 2 年)』には「10 のテーゼ」の内容が反映されていると主張する。実際に GISCEL が指摘する『高等学校学習要綱（前期 2 年)』の 4.2.1 イタリア語科目の目的には次のようにある。

　　イタリア語教育は，言語教育のより広い枠組みの一部であり，口語あるいは口語ではないすべての言葉を含むもので，また，あらゆる科目に関

13　ブロッカ評議会は 1980 年代から 1990 年代にかけて行われた公教育システムの改定に
　　関与した研究評議会である。

わっている。言語の実践のなかで，さまざまなことばと，さまざまな内容や状況を関係づけながら習得する。そうして，言語を形成するそれぞれの段階を踏み，確固たる基準を作り上げる。

（『高等学校学習要綱（前期 2 年）』(Commissione Brocca, 1991: 101)，
第 4 部 目的，4.2.1. イタリア語）

　民主的言語教育は口語を重視するが，それ以外の言語を軽視しているわけではない。10 のテーゼ第 8 章は，それぞれの専門領域の言語を獲得する重要性を主張しており，この箇所は，イタリア語科目にとらわれず，あらゆる科目に関わる言語をも重視している点で，民主的言語教育の主張と一致している。

　次に GISCEL（2007: 20）は民主的言語教育の概念は，翌年 1992 年の『高等学校学習要綱（後期 3 年）』には挿入されなかったと論じる。しかし，実際のところイタリア語の目的に関する箇所に以下の文言が見られる。

　口頭言語および書記言語を受容し，産出するなかで，その間を行き来できるよう言語を習得する。それは，より多様な分野で，また高度なレベルで，複雑かつ形式的な用法をも習得する必要性と関係している。

（『高等学校学習要綱（後期 3 年）』(Commissione Brocca, 1992: 121)，
第 4 部 明確な目的，4.2.1. イタリア語）

　これは 1991 年の『高等学校学習要綱（前期 2 年）』とも一致する。口頭言語，書記言語を通して，さまざまな分野の高度な言語を獲得することを目的としている点は民主的言語教育の plurilinguismo の主張に一致する。

　なお，『高等学校学習要綱（前期 2 年）』と『高等学校学習要綱（後期 3 年）』のカリキュラム作成委員のリストにデ・マウロの名が並んでいることは注目に値する。このことからも，このカリキュラムの策定にはデ・マウロが関わっており，デ・マウロの構想する plurilinguismo の概念が反映された可能性は極めて高い。

4.1.2　デ・マウロが試みた教育改革（1990 年代末～ 2000 年代初頭）

　1975 年に民主的言語教育が発表されてから 1990 年代初頭まで，その plurilinguismo は言語教育政策に影響を与えたが，1999 年に発表された『基礎教育カリキュラム規定』（Ministero della Pubblica Istruzione, 1999）は，これをさらに前進させる試みであった。『基礎教育カリキュラム規定』は 1997 年にベルリンゲル公教育大臣の下で主に学校の自治を認めることを目的として専門家や研究者，また教育者によって作成された。言語部門のメンバーは「10 のテーゼ」，つまり民主的言語教育を知る者が多く（GISCEL 2007: 20; Balboni 2009: 106），デ・マウロも加わっていた。このカリキュラムは 1999 年に可決され [14]，2001/02 年度から開始される予定であった。この時，デ・マウロは公教育大臣に就任（在任期間：2000 年 4 月～2001 年 6 月）し，教育制度の根本的な改革を図っていた。そもそも，イタリアは小学校 5 年，中学校 3 年，高校前期 2 年，高校後期 3 年の教育制度を取り [15]，小学校 5 年と中学校 3 年を基礎教育と位置づけていたが，新たな『基礎教育のカリキュラム規定』では小学校と中学校の枠組みを撤廃し，5 年，2 年，2 年の教育を基礎教育と定めた。しかし，2001 年 6 月に左派のアマートから右派のベルルスコーニへと政権が交代したことにより，法案の可決からわずか約 90 日で廃案となり，実現には至らなかった。しかし，実施されなかったものの，『基礎教育カリキュラム規定』には民主的言語教育の影響が強く現れており，そこからデ・マウロや民主的言語教育の専門家らが実現を試みた教育の一端を読み取ることができる。

　まず序章にあたる第 1 章「改革の意義」には言語教育と直接的な関わりがないものの，民主的言語教育との一致が複数箇所に見られる。

　第一に，3.「市民性の形成」において，「市民性の教育」とは社会生活や市民生活において責任を負うための手段を習得するための教育であると解説する。そのための学校の役割とは，自由や批判的能力を手に入れ，民主的社会に参加するために，社会で生き抜く力を促進する知識や能力の基礎を教えることである（Ministero della Pubblica Istruzione, 1999: 9）。民主的言語教育

14　D.P.R. 8 marzo 1999, n. 275, Regolamento recante norme in materia di autonomia delle istituzioni scolastiche.

15　この制度は現在も変わらない。

も，言語の獲得によってその社会で生きる権利を確保し，高い文化や批判的能力をもつ個人を育成することを目指している。このような点で両者の教育目標は極めて類似している。

第二に，4.「異なりへの価値付け」である。それは次のようにある。

> それぞれの生徒は，経験，経緯，人間関係のなかで獲得した情緒や感情，認知が蓄積されて構成された固有の文化を所有し，学校に来る。（中略）〔生徒は〕他者との関係のなかで自己を認識し，まず第一に気質や性格の異なり，そして時には国内の他の地域や他国が持つ特徴的な文化を起源とする異なりの存在を具体的に経験する。教室は "彩られた" 共同体である。
>
> （『基礎教育カリキュラム規定』(Ministero della Pubblica istruzione, 1999: 11)，第 1 章 改革の意義，4. 異なりへの価値付け，〔 〕は筆者による補足）

これは生徒が持つ固有の文化的価値を肯定し，学校教育においてそれを受容することを示すもので，民主的言語教育の生徒の言語的多様性への尊重に一致する。『基礎教育カリキュラム規定』には民主的言語教育の目的や，デ・マウロが追及した理想の教育が読み取れる。

この序論を前提に，以下では言語教育の目的を省察する。まず，小学校初期 2 年のイタリア語の具体的な目標の一つとして次の事項があげられている。

> 標準イタリア語と地域言語の発音に違いがあることや，あるいは母語の違いによって異体があることに気づき始める。
>
> （*Ibid.*: 48，第 3 章 基礎教育，B. 初期 2 年，イタリア語）

異体とは，例えば olivo/ulivo（オリーブの木）ufficio/uffizio（事務所）のように，一つの単語に異なる形態や綴字があることを指す。つまり，生徒の母語による異体の存在を認識させることを目標としている。

また，3 年生以降の到達目標は次のように規定されている。

> 生徒は，時間的，地理的，社会的空間において言語コミュニケーション

の様式が異なることを認識する。メッセージを理解するために，また言
語と言語，あるいはイタリア語と方言の間を比較するためにメタ言語の
知識を利用する。

（Ibid.: 64，第 3 章 基礎教育，C.3 年生から 7 年生，イタリア語）

　低学年の目的は単語の発音や綴りの差異に気づくことだったが，学年の進
行につれて，言語を使用するさまざまな場面による言語コミュニケーション
の相違を理解し，また言語間での差異を認知するメタ認知能力の習得をあげ
ている。ここには，民主的言語教育と同様に，生徒が所有する多様な言語へ
の気づきと承認を確認できる。

　次に基礎教育修了時の外国語科目の目標に関して，複言語教育 educazione
plurilingue という用語が二箇所にあらわれている。一箇所は，「イタリア語
と現代ヨーロッパ語」の言語教育全般に関する箇所であり，もう一箇所は
「現代ヨーロッパ語」の箇所である。
　「イタリア語と現代ヨーロッパ語」はデ・マウロの主張と欧州評議会の理
念が一致しているように読み取れる。

　　　確固たる，また異なる言語資源によって，差別や疎外のあらゆる状況を
　　　克服することができる。（中略）市民という立場や，文化間の比較，複
　　　言語教育，異文化への気づき，統合へとつながる異文化間の柔軟な認
　　　識，および将来の言語レパートリー獲得といった観点から，言語資源と
　　　コミュニケーションスキルを豊かにすることは，ヨーロッパにおいて自
　　　己実現へとつながる。

（Ibid.: 106，第 3 章 基礎教育，D. 教科目標－イタリア語と
現代ヨーロッパ語）

　この箇所は，ヨーロッパを視野に入れて，言語資源やコミュニケーション
スキルの充実化を喚起していることから，欧州評議会の方針と深いつながり
を読み取ることができる。CEFR の公開に先立つ 1999 年に作成された文書に
欧州評議会の動向が読み取れることは，このカリキュラムの作成者が政策を

先取りしていたことがわかる。その一方で，ここにはデ・マウロの理念が強く表出している。とりわけ，言語資源の獲得による「差別や疎外」の克服という問題意識は1970年代にデ・マウロが民主的言語教育を複言語教育として位置づけ，その教育によって社会の平等を実現しようとした言説と一致する。

　また，ここは外国人生徒の言語教育に関しても論じており，学校は，外国人生徒にイタリア語を教える際，すでに所有している言語に配慮しながらイタリア社会に包摂できるよう，いかなる能力が必要か見極める必要があると指摘し，それには欧州評議会の方針を参照することが有効であると明言している（*Ibid.*, 106）。

　「現代ヨーロッパ言語」では，複言語カリキュラム curricolo plurilingue と複言語教育 educazione plurilingue という用語が見られる。そこではヨーロッパ共同体の市民としての自覚を促進することやイタリア語以外に二言語を習得すること，また生涯を通じた言語学習をあげており，これもまた欧州評議会の複言語主義の課題と一致している（*Ibid.*: 110）。

　この政策文書は，多くの関係者が関わり作成されたと思われるものの，序章には民主的言語教育の教育理念と極めて類似する主張が見られ，イタリア語教育に関する箇所にも民主的言語教育が包摂する plurilinguismo の概念との一致を読み取ることができる。「現代ヨーロッパ語」に関する箇所は，ヨーロッパ市民としての自覚や生涯を通じた言語学習を促進する点で，欧州評議会の政策に対応している。つまり『基礎教育カリキュラム規定』には民主的言語教育が主張する plurilinguismo と欧州評議会が推進する複言語主義の両者の存在を確認できる。

　『基礎教育カリキュラム規定』が実際に施行されることはなかったものの，デ・マウロが教育省大臣という政治的権限のもと，民主的言語教育の理想とする学校教育や言語教育を推進した証拠であることに間違いない。

4.1.3　現在の教育政策

　2004年にモラッティ教育・大学・研究大臣の下で『基礎教育のカリキュラム規定』に代わるプログラムとして，「初等教育における個性に合わせた

学習計画のための国家方針[16]」が発表された。この方針は，直近の教育研究の多くを無視し，従来の教育に回帰するもので，現場の教師に混乱をもたらし，専門家からの批判を受けた（GISCEL, 2007: 20, Balboni, 2009: 107, 114–115）。その後，より実践的内容を示すため，2007 年に『幼稚園および初期教育課程のためのカリキュラム方針』（Ministero della Pubullica Istruzione, 2007; 以下，『カリキュラム方針』）が発表された。これは，幼稚園や小学校，中学校において実施すべき実験的な教授内容を具体的に通達するものであった。この『カリキュラム方針』はそれまでの実用状況を踏まえて大幅に修正や増補が行われ『幼稚園および初期教育課程のための国家方針』（MIUR, 2012; 以下，『国家方針』）と名称を変更し，2012 年に発表された。これは，2018 年にわずかな補足説明が加えられ，現在に至っており，現行のカリキュラムは 2012 年の『国家方針』に従っていることがわかる。

　この『国家方針』はイタリア人生徒向けの教育政策で初めて plurilinguismo という用語を使用した文書で，「イタリア語教育」，つまり母語教育の文脈で plurilinguismo を提案している。Sordella（2015）もこの plurilinguismo に注目しているが，教育で扱われるあらゆる言語の大きな枠組みとして plurilinguismo を解説しており，なぜこの文書で第一言語，つまり母語教育で plurilinguismo を言及するか，その理由について明確な回答を提供していない（Sordella, 2015: 62–64）。「イタリア語教育」つまり，母語教育に含まれる plurilinguismo は 2012 年の改定時に，初等教育および中等教育の「イタリア語」の到達目標に加筆された。初等教育には 10 の到達目標が掲げられており，そのうちの一つに plurilinguismo が示されている。

> コミュニケーションにおいて，言語のさまざまなバリエーションや，さまざまな言語（plurilinguismo）が使用されていることを認識する
> 　　　　　　　　（『国家方針』（MIUR, 2012: 31），初等教育，イタリア語，
> 　　　　　　　　　　　　　　　　　初等教育修了時のスキルの目標）

　ここでの plurilinguismo は「言語のさまざまなバリエーション」や「さま

16　D. L. 19 febbraio 2004, n. 59. Indicazioni Nazionali per i Piani di Studio Personalizzati.

ざまな言語」であり，コミュニケーションにおける多様な言語の認識を到達
目標としている。前者の「言語のさまざまなバリエーション」の「言語」は
原文では単数形 lingua で示されており，一つの言語のなかに存在するバリ
エーションを示している。これは民主的言語教育の第 8 章で論じられるイ
タリア語に内在するバリエーションを想起させる。例えば，口頭言語と書記
言語，地域性が強く，身近で直接的なインフォーマルな言語とフォーマルな
言語，それぞれの専門領域で用いられる言語といった言語のバリエーション
である（GISCEL, 1977）。一方，後者の「さまざまな言語」は複数形 lingue
で表記されていることから，方言や少数言語，あるいは外国語などの，異な
る言語の使用を指す。それら言語を plurilinguismo と呼び，それらを認識す
ることが小学校におけるイタリア語教育の一つの目標となっている。この
plurilinguismo の概念はデ・マウロが構想した plurilinguismo の概念でもあ
り，民主的言語教育のそれとも一致する。

　また，前期中等教育初期には 12 の到達目標が掲げられており，そのうち
の一つには plurilinguismo があげられている。

　　言語のバリエーション / さまざまな言語（plurilinguismo）と地理的空間
　　や社会的空間，およびコミュニケーション空間におけるそれらの使用と
　　の関係を認識する。
　　　　　　　　　　　（*Ibid*.: 34，中等教育初期，イタリア語，中等教育初期修了時の
　　　　　　　　　　　　　　　　　　　　　　　　　　　　　　スキルの目標）

　前期中等教育の到達目標では，地理的空間や社会的空間に応じて，イタリ
ア語に内在するバリエーションやさまざまな言語が異なることへの認識があ
げられ，ここにも民主的言語教育の plurilinguismo が読み取れる。そしてこ
れらは，2001 年に実施を試みようとした『基礎教育プログラム規定』の 1，
2 年生，また 3 年生から 7 年生の目標とも重なる。
　では，なぜ母語に関する文脈において plurilinguismo の概念が挿入された
のであろうか。この 2012 年の文書改正にはデ・マウロが監修の一人として
関わっていた。『国家方針』に誰がいかなる意図で何を挿入したかは特定で
きないが，2007 年と 2012 年の文書を比較すると，2012 年の加筆部分には

民主的言語教育の plurilinguismo の概念やデ・マロの教育理念と一致する箇所が散見される。例えば序論にあたる部分には次のくだりが加筆された。

　　多様な文化と言語が学校に到来している。異文化〔理解〕は今日すでに全ての子どもたちに互いのアイデンティティーを認識させるモデルとなっている。イタリア統一から 150 年となり，イタリア語はイタリア市民や外国人に関わらず，イタリアで生まれ，育った者にとって共通の言語となった。学校は世界へ向けて開かれており，我々が異なっていることを認識しながら平等であることを学ぶため，普遍的な挑戦をし続ける場である。

　　　　　　　　　　　　（*Ibid.*: 4，文化・学校・人，新たな展開に入った学校，
　　　　　　　　　　　　　　　　　　　　　　　〔　〕は筆者による補足）

　この一節によれば，学校には多様な言語や文化が存在し，すでに異文化理解がある。イタリア統一から 150 年が経ち，イタリア語はイタリアで生まれ育った者にとって共通語になったが，多様な言語や文化を受け入れる姿勢は変わらない。学校は生徒に開かれた場であり，互いの違いを認め，平等であることを学ぶ場であると主張する。この最後の一文は，デ・マウロの過去の言説と類似している。デ・マウロは 1975 年の論文で次のように論じている。

　　たとえ困難であっても，学校は平等に生きることを学び始めることができる場所，また，そうすべき場所である。学校とは《社会的平等の尊厳》を持って生きることが難しいことを知る場所でもあり，それを学ぶことができる場所である。また，それらの障害を克服する方法を見出す場所でもある。　　　　　　　　　　　　　　　　　　（De Mauro, 1975b: 2）

　デ・マウロは 1970 年代に，学校においてイタリア語能力が不十分であった方言話者や少数言語話者を受容し，平等を教えるべきだと喚起していた。時代が進展し，生徒が変化しても，デ・マウロの主張は一貫している。
　一方，イタリア人生徒の外国語教育に着目すると，2007 年の『カリキュラム方針』の「共同体の言語」は CEFR を参照し，生徒に母語以外の 2 言

語を獲得させ，複言語・複文化能力 competenza plurilingue e pluriculturale の
促進を推奨している（Ministero della pubblica Istruzione, 2007: 58–59）。また
2012 年の『国家方針』の「英語と第 2 共同体言語」は複言語・複文化能力
の獲得に加えて，共通参照レベルにもとづくレベルを示し，各学年で英語や
第二外国語で何ができるようになるべきかを明確に示すようになった
（MIUR, 2012: 37–40）。つまり，外国語教育に関しては欧州評議会の言語政
策，およびその複言語・複文化主義を基盤としていることがわかる。

　現行の『国家方針』には，母語教育としての「イタリア語」については民
主的言語教育の plurilinguismo が，また外国語教育については欧州評議会の
複言語主義が包摂されていることが明らかとなった。また，母語教育に
plurilinguismo が継承された背景には，デ・マウロの教育政策への介入が
あったことが解明された。

4.2　外国人生徒に向けた言語教育政策

　ここまで，イタリア人生徒への教育政策を明らかにしたが，次に外国人生
徒のための言語教育政策に着目する。

　移民の増加に伴い，1980 年代になると学校では徐々に外国人生徒の存在
が顕在化しはじめる。その変化にともない，1989 年に外国人生徒の教育に
関する初めての法律となる「義務教育への外国人の受け入れ [17]」が公布され，
外国人生徒の義務教育の権利が保障された。翌年の 1990 年には「義務教育
と外国人生徒，異文化間教育 [18]」を発表し，より具体的な方針が示された。
なおこの通達ではタイトルの通り，イタリアの教育政策のなかで，初めて
"異文化間教育"の促進が提起された（Pizzoli, 2018: 156; Colucci, 2018: 123–
127, Sordella 2015: 62）。

　1999 年に「入国管理規則および外国人の条件に関する規則の統合と実施
の規定 [19]」が整備され，これにより非正規の外国人児童の学校登録の権利が

17　C.M. 8 settembre 1989, n. 301. Inserimento degli alunni stranieri nella scuola dell'obbligo.

18　C.M. 26 luglio 1990, n 205. La scuola dell'obbligo e gli alunni stranieri. L'educazione
　　interculturale.

19　D.P.R. 31 agosto 1999, n.394. Regolamento recante norme di attuazione del testo unico delle
　　disposizioni concernenti la disciplina dell'immigrazione e norme sulla condizione dello straniero.

より強固に保証され，学年齢に応じたクラスの受け入れ要件が定められた[20]
（Pizzoli, 2018: 156）。

　2006 年には，学校教育の具体的な方針として『外国人生徒の受け入れと
統合のためのガイドライン』（MIUR, 2006; 以下，『ガイドライン』）」が発表
された（Pizzoli, 2018: 156; Balboni 107–108）。この『ガイドライン』は 2014
年に改定され，現在もこれに従い，外国人生徒の受け入れが進められてい
る。改訂版は欧州評議会の *Guide for the development and implementation of
curricula for plurilingual and intercultural education*（Beacco *et al.*, 2010; 以下，
『カリキュラムガイド』）の草案が参照され，外国人生徒の言語を承認し，彼
らの言語での指示や告知をするなど，教育現場に複数の言語を取り入れるこ
とを指導している（Pizzoli, 2018: 156）。また，この『ガイドライン』は外国
人生徒の政策文書として初めて plurilinguismo という用語を使用している。
それは第 2 部「実施方針」の 4「イタリア語教育とその他の言語習得」に見
られるもので，外国人生徒を統合するには，第一に日常語としてのイタリア
語の習得，第二に学習言語としてのイタリア語の習得の重要性を主張してい
る。そのうえで，次のように論じる。

　　グローバリゼーションの観点から，ヨーロッパの plurilinguismo は移民
　　の子供たちのニーズにも対応できる。ただし，イタリア語学習の初期段
　　階にいる外国人生徒は，他の言語とバランスを取りつつ，〔イタリア語
　　を〕導入する必要がある。
　　　　（『ガイドライン』（MIUR, 2006: 13），第 2 部実施方針, 4. イタリア語
　　　　　　教育とその他の言語習得，〔　〕は筆者による補足）

　イタリア語学習を始めた外国人生徒に対しては，他の言語とのバランスを
取って plurilinguismo を導入するよう『ガイドライン』は注意を喚起してい
る。ここでの plurilinguismo はイタリア語と他の言語，例えば外国人生徒の
母語あるいは学校で学ぶ外国語を意味し，それら複数言語の能力を表してい

20　なお，1989 年から 1999 年にかけて外国人生徒に向けて発表された教育政策の文書に
　　plurilinguismo および複言語主義に関する文言は見当たらない。

る。イタリア語の言語変種などは意味していないことから，「ヨーロッパの
plurilinguismo」と表記されている箇所は欧州評議会の複言語主義を意味し
ている。

　2006年の『ガイドライン』はplurilinguismoをこの一か所で言及するだけ
だったが，2014年の改訂版は第2部「活動方針」の6.3に「plurilinguismo」
の節が挿入され，近年，学校は多言語状況を認識し，生徒が所持する言語に
よる指示や告知を視覚化してきただけでなく，異なる言語への価値を認める
など理解を促進しており，その背景には欧州評議会の『カリキュラムガイ
ド』の貢献があると論じている。例えば，『カリキュラムガイド』は，教師
は生徒の言語レパートリーを考慮すべきであること，複言語教育および異文
化間教育はすべての個人の権利に対応する質の高い教育として生徒の能力を
高め，知識などの獲得へと導くこと，獲得した経験の違いは個人や集団のア
イデンティティーを形成することを主張している。『ガイドライン』はこの
『カリキュラムガイド』に準ずる具体的な方策を提案し，学校では外国語に
よる表記も行い，それにより歓待を示すこと，途中入学の生徒の母語能力を
把握すること，複数言語で書かれた物語を利用して諸言語を互いに理解し，
イタリア語で教えあうこと，学校教育のための語彙リストが必要なことなど
をあげている。また，年間を通じて，さまざまな方法で言語の豊かさや多様
性を発見し，アラビア語や中国語，ロシア語，日本語など，欧州の言語以外
を教えることなども奨励している（MIUR, 2014: 18–20）。

　このように，現在の『ガイドライン』は欧州評議会の『カリキュラムガイ
ド』の影響を大きく受け，その方針を取り入れている。2006年に『ガイド
ライン』が制定されてから今日まで，外国人生徒の言語教育には欧州評議会
の複言語主義が大きな影響力を行使している。

5. 結論と考察

　本章は，現在のイタリアの言語教育に民主的言語教育が包摂する
plurilinguismoが継承されたか，政策文書の検証を通じて分析し，次の三点
を解明した。

　第一に，民主的言語教育が包摂するplurilinguismoは，イタリア人生徒に
向けた現行のカリキュラムのなかのイタリア語教育，つまり母語教育の文脈

に継承されており，教育目標の一つに位置づけられている。その目標とは，コミュニケーションにあたって，イタリア語のさまざまなバリエーションや，イタリア語とは異なる言語が使われていることを認識することであった。

　第二に，イタリア人生徒に向けた外国語教育や，外国人生徒に向けた教育政策は欧州評議会の複言語主義を参照している。イタリア人生徒に向けた外国語教育は，ヨーロッパ共同体の一員としてイタリア語以外に 2 言語を習得することや，生涯を通じて言語学習を行うことを推奨し，また外国人生徒に向けた教育政策は，欧州評議会の『カリキュラムガイド』を参照し，生徒固有の言語を尊重しつつイタリア語の習得を進めるための学校の役割を具体的にしている。

　第三に，イタリア人生徒に向けた教育政策の文書は民主的言語教育の plurilinguismo を継承し，その背景にはデ・マウロの影響があった。デ・マウロは 1990 年代から教育政策の策定メンバーを務め，それ以降，一時途絶えることもあったが，一連の政策立案に関わってきた。特に政治的な立場から影響力を持ったのは，公教育大臣を務めた 2000 年前後であり，『基礎教育カリキュラム規定』の実施を試みた。これは民主的言語教育の理念や，デ・マウロの教育への強い意志を反映するものであった。これは実施に至らなかったものの，デ・マウロは 2012 年の『国家方針』への改正時に，再び監修者として教育政策にかかわった。デ・マウロの関与により，民主的言語教育の内容が加筆され，またイタリア語教育に plurilinguismo が明記された。

　イタリア起源の plurilinguismo は教育政策の変遷のなかで継承され，今も母語教育にそれを見ることができる。しかし，なぜイタリアを起源とする plurilinguismo が消失したように見えるのか。その理由として，次の三つが推察できる。

　第一に，多くの教育関係者はイタリアに起源を持つ plurilinguismo の存在を認知していない。民主的言語教育の概念はイタリアの教育政策に影響し続けていたが，plurilinguismo という用語は使用されてこなかった。そのため，現在のイタリア人生徒に向けた母語教育に見られる plurilinguismo がイタリア特有のものだと認識されていない。第二に plurilinguismo と欧州評議会の

複言語主義の類似性があげられる。両者は極めて類似した概念であり，それをあえて区別する必要性はない。第三に，イタリアでは外国語教育や外国人生徒への教育が喫緊の課題である。政策文書にも見られたように，外国語教育や外国人生徒への教育は欧州評議会の複言語主義を議論の対象としてとりあげ，参照している。

　イタリアの教育政策に見る plurilinguismo や複言語主義は日本の言語教育政策にも示唆を与えうる。特に，母語教育に plurilinguismo の概念を取り入れることは，単一言語教育を行ってきた日本の教育に新しい視点を与える。日本にはイタリアや他の国と同様に，方言などの言語変種が存在し，外国人の多様な言語も存在する。それを学校教育において認識することは，生徒の言語に対する認知力を高め，多様な言語や文化への関心へとつながる。また，外国人生徒の母語の承認にもつながることが期待される。

　本章は，イタリア人生徒に向けた言語教育政策にイタリア固有の plurilinguismo が継承されていることを解明したが，その教育の実態までは明らかにすることはできなかった。今後は，実際に母語教育の文脈でいかなる plurilinguismo の教育実践があるのか，考察を進めたい。

文　献

植松茂雄・長田恵理 (2017).「EU 複言語政策と，イタリアに於ける外国語教育の現状と課題：日本の小学校英語教育の教科化への示唆」『GR —同志社大学グローバル地域文化学会紀要—』9, 79–100.

斎藤里美 (2017).「OECD の移民調査にみる移民第二世代の学校適応—国際比較調査の意義と限界—」山本須美子（編）『ヨーロッパにおける民第二世代の学校適応—スーパー・ダイバーシティへの教育人類学的アプローチ』pp. 31–47. 明石書店 .

西島順子 (2018).「1970 年代のイタリアにおける民主的言語教育の構築—トゥッリオ・デ・マウロの構想した言語教育と plurilinguismo —」『人間・環境学』27, 153–167.

西島順子 (2019).「イタリアにおける plurilinguismo の歴史的変遷— 1975 年の民主的言語教育の提言まで—」『言語政策』15, 105–129.

西島順子 (2020).「近現代イタリアにおける言語状況と言語政策の展開—トゥッリオ・デ・マウロの民主的言語教育の創出まで—」『日伊文化研究』58, 64–76.

Balboni, P. E. (2009). *Storia dell'educazione linguistica in Italia,* Torino, UTET.

Beacco J. -C., Byram M., Cavalli M., Coste D., Cuenat M. E., Goullier F. & Panthier J. (2010). *Guide for the development and implementation of curricula for plurilingual and intercultural education,* Strasbourg, Council of Europe.

Colucci, M.（2018）. *Storia dell'immigrazione straniera in Italia, Dal 1945 ai nostri giorni,* Roma, Carocci.

Commissione Brocca（1991）. *Piani di studio della scuola secondaria superiore e programmi dei primi due anni,* Firenze, Le Monnier.

Commissione Brocca（1992）. *Piani di studio della scuola secondaria superiore e programmi dei trienni,* Firenze, Le Monnier.

Contini, G.（1951）. "Preliminari sulla lingua del Petrarca", *Paragone Letteratura,* 2, 1951, 3–26.

De Mauro, T.（1975a）. "Il plurilinguismo nella società e nella scuola italiana", *Scuola e linguaggio,* 1981, III edizione, Roma, Riuniti, 124–137.

De Mauro, T.（ed.）（1975b）. *Parlare in Italia,* Biblioteca di lavoro, 38, Firenze, Manzuoli.

De Mauro, T.（1978）. *Linguaggio e società nell'Italia d'oggi,* Torino, ERI.

Gensini, S.（2015）. *Breve storia dell'educazione linguistica dall'unità a oggi,* Roma, Carocci.

GISCEL（1977）. *L'educazione linguistica: atti della giornata di studio GISCEL: Padova, 17 settembre 1975,* Padova, CLEUP.

GISCEL（2007）. *Educazione linguistica democratica, A trent'anni della Dieci tesi,* Milano, Franco Angeli.

ISTAT（2017）. *Anno 2015, L'uso della lingua italiana, dei dialetti delle lingue straniere.* https://www.istat.it/it/files/2017/12/Report_Uso-italiano_dialetti_altrelingue_2015.pdf. （2022 年 9 月 30 日閲覧）

Lo Duca, M. G.（2013）. *Lingua italiana ed educazione linguistica,* Roma, Carocci.

Ministero della Pubblica Isturuzione（1979）. *Programmi, orari di insegnamento e prove di esame per la scuola media statale.*

Ministero della Pubblica Istruzione（1999）. *Regolamento Curricoli Scuola di Base.* https://www.edscuola.it/archivio/norme/decreti/diregcsb.pdf.（2022 年 9 月 30 日閲覧）

Ministero della Pubullica Istruzione（2007）. *Indicazioni per il curricolo per la scuola dell'infanzia e per il primo ciclo d'istruzione.*

Ministero dell'Istituzione（2022）. *Orientamenti interculturali. Idee e proposte per l'integrazione di alunne e alunni provenienti da contesti migratori.*

MIUR（2006）. *Linee guida per l'accoglienza e l'integrazione degli alunni stranieri.*

MIUR（2012）. *Indicazioni nazionali per il curricolo della scuola dell'infanzia e del primo ciclo d'istruzione.*

MIUR（2014）. *Linee guida per l'accoglienza e l'integrazione degli alunni stranieri.*

MIUR（2021）. *Alunni con cittadinanza non italiana A.S. 2019/2020.*

Pizzoli, L.（2018）. *La politica linguistica in Italia,* Roma, Carocci.

Sordella, S.（2015）. "L'educazione plurilingue e gli atteggiamenti degli insegnanti", *Italiano LinguaDue,* n.1, 60–110.

第6章

複言語主義と領域横断性
―学校での PASTEL アプローチ―

ダニエル・モーア／大山万容（訳）

　本章は，小学校で言語以外の教科を教える際の複言語教育法の価値である PASTEL (Plurilingualism, Art, Science, Technology and Literacies) アプローチについて論じる。PASTEL とは，複言語主義のアプローチと，マルチモーダルリテラシーの発達を含む STEAM（科学，技術，工学，芸術，数学）アプローチを指すもので，言語と内容の学習目標を組み合わせ，カリキュラムと教育計画を概念化し，さまざまな教育関係者を結びつけるような新しい方法を提供する (Moore, 2018)。この論考では，教師の教育実践において，複数性がどのように構築されうるか，また，なぜ複言語主義が教科横断教育の資産となるのかを問い直す。

キーワード　PASTEL，複言語教育，教科横断教育

1.　学校での PASTEL とは：なんのための新語か
1.1　複言語を中心に，アート，言語，教科を統合する

　人文科学[1]，科学，技術はそれぞれ本質的に学際的な領域であるが，この接続については近年，多くの研究が生み出されており，知識の生産と伝達様式についての研究 (Fourmentraux, 2014) や，言語と内容教育の分岐点における

---

[1]　（訳注）ここで Art とは図画工作や美術科のような芸術科目のみならず，人文科学（Liberal Arts）をも含む。

媒介体験としての芸術の役割についての考察が進んできた。

　CLIL（内容言語統合型教育）は多次元的な教育手法であり，過去数十年にわたってさまざまな教育現場で実施されてきた。CLIL はあらゆる段階の学習に対応できるよう開発されているが，とりわけ初等教育で採用されることが多い。なぜなら小学校教師は，就学言語以外の言語を教える場合，多次元的かつ分割されていない形で教え，学ぶことを考慮するためである。STEAM とは，近年，北米（およびオーストラリアなど他の地域）で特に焦点が当てられているカリキュラムおよび教育の理論である。これは科学，技術，工学，数学（STEM）分野での領域横断的学習を強調するもので，そこに人文科学・言語的な Art の次元（絵画，彫刻，演劇，音楽，言語，作文，デッサン）が加えられたものである。

　この 2 つの教育理論（CLIL と STEAM）は，それぞれの仕方で，学習の総合的な側面と，学習を体験知識や児童生徒の日常生活と結びつける必要性を強調し，また，結果だけでなくプロセスを重視する。ここで統合とは，異なる分野の知識，手法，アプローチを結びつけることにより，新しい考え方を育み，単一の分野に属さない「問題」に対する解決策を見出すことである。STEM と非 STEM 分野の連携を強化することが，統合の中心的要素と考えられており，STEM の芸術的・美的要素が，知識の体験的学習をつなぐものと捉えられている。そこでこの教育理論では協働性や学習者中心，プロジェクトベースの学習，スキルの伝達などが強調される。ところがリテラシーの問題については，新技術や，デジタル・クリエイション，マルチモダリティ，芸術を通して取り上げられてきたものの，複言語主義の観点からはほとんど論じられてきていない。

　ここで，教育学的な問いとカリキュラム開発の交差する点が問題となる。本章では，言語学習と，言語に関する学習とを統合しようとする複言語教育法と，学習の統合のカギとなる STEM（STEAM）アプローチとをむすびつけたい。複言語教育の中で，ここで PASTEL（複言語主義，芸術，科学，技術，リテラシー）アプローチと呼んでいる複言語教育法は，教師と学習者の双方に，複数の言語間，そしてさまざまな領域間に明確な関係性を立ち上げることにより，領域横断的な知識，学習能力，技能の育成を促進することを目的としている。これにより学習者が，（複言語かつマルチモーダルな）リテラ

シーと複言語的省察姿勢（態度）を発達させ，また学習知識とその基礎にある認識論についてさまざまな視点を取り入れられるよう促す。複言語主義を活用することにより内容学習における概念的理解を豊かにし，深め，問い直すための多くの方法が先行研究によって示されてきた。複言語の空間あるいは言語横断的な空間では，協働や会話（および対話）における言語間の行き来を通じて，異なる視点を参照しながら，その違いを探り，それらをよりよく理解するための作業を行う空間を提供する。この目的は，（予測不可能な）複雑な問題とは，（予測可能で，制御でき，認知できる）単純な問題や，煩雑であるだけの問題とは異なることを認識できるよう，学習者の複雑な思考を発達させることにある[2]。これは教科ごとに分離された考え方から抜け出し，他者の世界に入ること，あるいは視点を増やす「むすびつけ (reliance)」に取り組むことを促す。複雑な思考は学習の社会的・環境的要素を統合しつつ，変化を必要とする問題を探求的な方法で分析するために，より全体的かつ多面的な見方を必要とする。ここで「むすびつけ (reliance)」[3]の概念はエドガール・モラン（2004）から借りたものだ。モランにおいて複雑な思考とは，むすびつける思考であり，むすびつけとは，「自分を何かとむすびつける行為と，その結果としてむすびついた状態」の両方を表現する活性化の原理である（Le Moigne, 2008: 178）。

2　教科ごとの知識の対象となるものを取り扱う上で複言語主義の役割と，複言語主義による対象そのものへの影響とを強調した研究として，Gajo (2007)，Gajo et Steffen (2014)，Berthoud et Gajo (2020) は，複数の言語を使用することにより，拡大された知識のネットワークの中でさまざまな文脈化が可能になることを論じている。そこでは言語のつながりが利用され，また明示されることになるため，トランスリンガルな実践は，不透明さについて議論を行い，ものの見方や視点の移行を促進する概念的な作業のためのリソースとして機能する。

3　「むすびつけ」(reliance) の概念は，もともと，「関係」(relation) という概念の消極的側面を取り除きたいと考えた Marcel Bolle de Bal の社会学研究によるものである。Morin (2004) によれば，「むすびついた（状態）」(relié) は受動的なままではあるが，「むすびつけること」(reliant) は参加的であり，「むすびつけ」(reliance) は活動的である（Morin, 2004: 269）。Morin の複雑思考における「むすびつけ」概念の分析については，その豊かさを強調した Le Moigne (2008) を参照。

1.2 5つの教育原則

　以上述べたような様々な強みを活かすことにより，複言語教育の PASTEL アプローチは，学習の「つながり」とその複数の視点をめぐる5つの中心的原則（Moore, 2021）を作動させる。

1. 学習者は，自分のレパートリーや知識を総動員して学習に積極的に参加することで，よりよく，より効果的に学ぶことができる。
2. 参加がより高められるのは，概念や技術が探求型アプローチを通して構築され，学習者が既に持っている知識と，学習者にとって意味を持つ形でむすびつけられたときである。
3. 複言語主義は，さまざまな場で知識を構築するためのツールであり，資産である。
4. 視点を複数化させることが，議論する力や反射性（省察）を支える。
5. 複言語でのインタラクションと言語横断的実践は，知識の構築や知的な問題設定にとって重要な瞬間をもたらす可能性が高い。これはまた，省察的な複言語姿勢へのシフトと，「態度」の発達とを促す契機でもある。

2.　学校での PASTEL アプローチ：よりよい学習のために，教育をむすびつける

2.1　複言語学習のシナリオ

　ここで提案した方略の支柱となるのが，教育のシナリオプランニング・アプローチと呼ばれるものである。Egli Cuenat *et al.*（2011: 30）によると，学習シナリオまたは教育シナリオとは，「学習，教育目標，その目標を実施するための手段（例えば，必要な教育資源の特定など）のまとまり」と記述される。シナリオプランニングには多くの利点がある。第一に，特定の教育環境におけるローカルな教育実践から教育学的考察を始められること，そしてこの最初の枠組みから複数の教育的連続性を構築できることである。

　PASTEL 型の教育シナリオを構築するとき，上記の5つの原則は，次の3つの指針に従って実行できる。（i）シナリオは領域（教科）横断的でなければならない。（ii）教科教員と言語担当教員が協働し，指導言語（たとえば日本では日本語）と，ターゲットとなる外国語（日本では英語）の両方を基盤とした，共通の教科横断的な学習目標と内容を特定することが推奨される。

（iii）意識化と脱中心化によって，言語や文化の多様性への目覚めと，多元的な（つまり，知をめぐって異なる視点を参照できるような）反射的思考（省察）の発展を促す。

2.2　横断的概念と学習媒介物

　教育シナリオは，（1）（異なる分野や異なる言語を通じて探求できる）領域横断的概念（crosscutting concepts）の一貫性と相乗効果と，（2）学習オブジェクトを中心に構築される。

　（1）科学の統合的教授法では，科学や工学のほとんどにおいて説明力があり，分野の境界を越えるような概念を「領域横断的概念」と呼ぶ（National Research Council, 2012）。その中には，パターンの理解（組織化や分類の指針となる），因果関係とその作用機序の説明，大きさ，時間，エネルギーの測定における変数，エネルギーと物質（循環，保存），安定と変化（進化）などが含まれる。こうした概念は学習者に，分野別に得てきた知識を，科学的根拠に基づいて一貫性のある世界観へとむすびつけるような，構造化された枠組みを提供する。

　（2）アーティファクト（Artifacts）あるいは学習オブジェクト（Learning Objects）によって学習を媒介することで，知の構築の体験的な側面だけでなく，それに関連した様々な実践，使用，解釈の側面を強めることができる。複数の視点や観点，様々な時空間で解釈されると，あるオブジェクトは，どのような意味を持ちうるだろうか（例えば，あるオブジェクトの使い方についての社会的・個人的な認識のあり方や，道具としての使い方，さらに世代間や国境を越えた解釈の違いなど）。このように考えることで，知の文脈化された特徴が提起される。つまり，文化的に多元的な生態系の中で，オブジェクトとその操作に焦点を当てることにより，物質性（場合によっては，それがないこと）へのまなざしが，学習を象徴的なものから身体的な動きを伴うものへと変化させるのだ。考古学や人類学の研究から着想を得た「物質文化」とは，人と物との関係性に興味を持ち，集団や個人によって作られ，使用され，保存され，残されてきた身体的かつ有形のオブジェクトを指す。Julien and Rosselin（2005: 105）によれば，「物質文化とは，物質の中で構築され，また文化を構築する主体によって共有されている実践の統合と定義さ

れる。」人と物との関係性を問うことで，アイデンティティの構築における
こうした関係性の基本的な役割と，それに関連しうる解釈の多元性を捉える
ことができることから，この見方は複言語教育の観点から興味深い。

オブジェクトには様々な形，色，大きさ，素材がある。それらには「基本
的な」機能（例えば，ペンは書くために使われる）があるが，様々な作家が
そこに「二次的」（社会的，美的，象徴的）機能を加えていく。モノには意味
があり，そしてそれは多義的でもある。この点で，モノはことばを構成し，
それは解釈の対象となる。オブジェクトの中には，家族史やネイション史，
地域史，個人やグループのアイデンティティを反映するものがある。身体の
社会学と関連した学習オブジェクトがここで興味深いのは，それが複言語教
育法に際して，学習を文脈化し，それに「身体を与える」ことで創造性を育
みながら，記号論的価値（ジェスチャー，痕跡，関連するナラティブ）を提
供し，また概念そのものの意味を強化する可能性を持つためである。

学習オブジェクトが持つ多次元性により，膨大なイメージが開かれるが，
そこから，特にイメージの体系の中にある不穏なもの（他者性）の価値を認
めることによって，認識論的，実用的，発見的な機能と価値とが生じる。こ
れこそが，学習における視点の複数性（すなわち，（言語を含む）世界の仕組
みやその解釈について，単に脱中心化するだけでなく，複数の視点を持つこ
とができること）の重要性をより深く考えるために必要なのである。

3. 日本における PASTEL アプローチ：なぜ，どのように行うか

上述のアプローチは，主として多言語社会における教育環境のためのものと
見えるかもしれないが，例えば日本のように実際には言語的多様性があまり見
られない環境でもその役割を果たす。日本で複言語アプローチを行うことの難
しさについては多くの研究者が指摘しており，その理由として，英語中心の教
育政策と，一部の子どもとその家族のレパートリーの潜在的な構成要素として
日本語以外の言語があることが認識されていないことが挙げられている
(Moore *et al.*, 2020)。社会政治的にも教育的にも日本語のみに焦点が当てられ，
小学校では 2020 年から外国語教育が義務化されるなど，すべての教育段階で
外国語として英語のみが一般化している日本では，これら以外の言語は，少数
言語であれ外国語であれ，教育現場において場所を見つけることが容易ではな

い。日本の小学校では，言語教育と教科教育の連携は，教室での教師と外国語補助教員（ALT）との共同作業によって促進されているが，ALT は多くの場合，バイリンガルまたは複言語話者であるにもかかわらず，英語を，あるいは英語で教える能力があるという理由で学校に採用されている（Pearce, 2021）。

　しかし，日本の教育実践者の中には，むしろ異文化間のアプローチによって実践を多元化し，これによって特に都市部の子どもたちの風景の中に顕在する言語である中国語や韓国語，特にフランス料理をめぐる産業を通じて日本人の想像界では非常に大事にされているフランス語などを，日々の授業の中に導入している人たちもいる。また，東京オリンピック・パラリンピックの開催に向けた準備により，外国語への関心がさらに強まり，道路標識や都市のサイン，食品情報など，日常の視覚的な世界に外国語が登場する場が増えている。

3.1　領域横断的複言語教育シナリオの実践：チョコレートの科学をめぐる事例

　ここでは事例として，チョコレートの科学を含む教育シナリオを提示する。この分析の詳細については Oyama *et al.*（2022）を参照されたい。

　この教育シナリオ・プラン（図 1）は分野別の基礎的な考え方，教科を超えて共通する概念，現実の実践を統合したもので，観察や調べ学習，ストーリーテリング，そして味覚（ここではチョコレートの調理）を通して科学的概念を直接体験することにより，学習者にチョコレートの科学を探求し，構築することを促している。ユニットの各側面は，カリキュラムのさまざまな要素に関連するように設計されており，ライフストーリー，自然科学，アート，文化的知識，学習者の多様な言語能力など，言語，ストーリー，想像力を駆使して，むすびつけるための構造を提供する。この授業計画は，複数の理解と多元的な視点を想定しており，単元の計画モデルは，（複言語・マルチモーダルな）リテラシーを核とした網目の形で構成されている。この網目によって，異なる学習分野（算数，経済，歴史，初級英語）の間の関係やつながりを強調することができ，また，PASTEL アプローチの全体的な枠組みの中で活動を開発したり構造化したり，学習分野に頼りつつ，利用可能なリソースや学習目的に応じて言語を使い分けるための柔軟性を提供することが

できる。

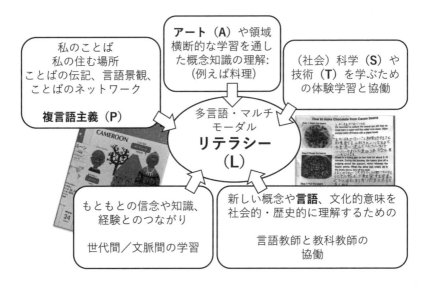

図1　守口市さつき学園・北野ゆき先生の授業のシナリオの概要

　こうしてシナリオを視覚化すると，環境科学や社会科学におけるインタラクティブな活動の共同計画を前面化させ，教師間で，テクノロジーや，（する，触る，見る，聞く，話すといった）多感覚的な学習アプローチ，複数の言語の使用を用いた教科横断的なテーマに沿って授業を構築する方法を探ることが可能になる。ゲームや実験，複雑な認知や集中力を引き出すためのオブジェクト（台所用品や測り器など），アイデアや観察結果を翻訳したり記録したりするための iPad の使用など，幅広い学習を目的とした活動が行われた。下の表は，北野先生のクラスの小学生を対象としたチョコレート科学の共同作業（複数の教師と，複数のクラスとの混合授業），領域横断的で複言語的な学習シナリオを示すものである（Oyama *et al.,* 2022）。

表 1　チョコレート・プロジェクトの概要

時間	概要	めあて
1	本物のカカオ豆を観察する	カカオ豆を実際に目で見て触って観察し，疑問をまとめる。豆からどのようにチョコレートができるか考えてみる。
2	カカオ豆に関する調べ学習をする	段階 1 での疑問や問いかけをもとに，問題を抽出する。例えば，「世界で一番チョコレートを食べているのは誰か」「最初にチョコレートを食べたのは誰か」など。 教師からの情報をもとに，チョコレート生産国とチョコレート消費国について学ぶ。
3	カカオ豆からチョコレートを作る	英語の資料でカカオ豆の生態を知る。 英語のレシピを機械翻訳で解読し，カカオ豆からチョコレートを作る方法を知る。
4	ワークショップを通して，カカオ豆農家の生活を知る	グループに分かれて，ガーナのカカオ豆農家と日本の家庭をそれぞれ演じ，家計簿を作成し，その違いについて話し合う。 学んだことをまとめてプレゼンテーションを行い，4 年生に発表する。
5	振り返り	児童労働，経済格差，植民地主義，気候変動など，いくつかの世界の問題に気づく。その問題を考え，調査し，検討する。

　このシナリオでは，カカオ豆が温度（熱エネルギー）の影響を受けて，どのようにして苦いホット・チョコレートに変わっていくかという過程を一緒に探ることで，児童に科学的な姿勢を身につけさせている。児童らは予測を立て，調べ学習を計画し，観察を行い，データを分析し，結論を出すという科学や技術の力を，社会問題（このケースでは，カカオ豆の採取に児童労働が使われていることや，カカオ豆を採取した子どもたち自身がチョコレートを味わうことができないという事実など）に対して使うのと同時に，パターンの発見（例えば，異なる材料を加熱して溶かす），原因と結果の原理（例えば，気候変動がカカオ生産に与える影響），割合と量（カカオ豆からチョコレートを作る），エネルギーと物質（熱効果，固体と液体，保存）など，自然科学の学習にも用いている。

　領域横断的な概念こそが教科横断の橋渡し役であり，これは生命や地球，宇宙を理解するための共通項であるのと同時に，さらに重要なことに，知識と経験の間の架け橋となり，また，私たちを取り巻く世界をより深く理解するための架け橋ともなっている。

　図2は，シナリオの中で取り組まれた領域横断的なスキルを具体的に示したもので，子どもたちが（例えばGoogle翻訳を使って他の言語で提案されたレシピを翻訳するなどして）他の言語や言語システムに接する機会をどのように提供しているかを示す。ここから，世界や言語（自分たちの持っている日本語を含む）の仕組みを問うための複数のアプローチがどのように支えられているかがわかる。

　この学習では，チョコレートづくりの調理実習を行うが，これを通じて子どもたちは，チョコレートをめぐる科学の遊び的な要素と実験的な要素にいざなわれている。子どもたちは英語のレシピをデジタルツール（Google翻訳）を用いて日本語に翻訳するが，これはアルファベットを漢字，ひらがなに移し替えるだけではなく，（絵や記号などを使った）その他の記号資源にリンクさせるもので，このようにして言語とその文字への参入を視覚だけでなく味覚的な感覚体験として行うことができている。このアプローチでは，別の場所に暮らす子どもたち（カカオ採集のために働かなければならないが，できあがったチョコレートを食べることはできない）の話を聞く活動もあり，これは学習者をさらなる知との関係性に巻き込み，あらゆる感覚を動員して経験を変化させる空間を作ることで，「視点の変化」を促すものである。これはまさに，学習の中で／学習を通して複言語学習姿勢により他者性を切り開くという課題そのものだ。ここでは探索的アプローチが採用されているが，これによって試行錯誤や予想外のこと（溶かしたカカオ豆はとても苦く，またチョコレートを作るには多くの作業が必要である）がもたらされ，これらがまた省察と学習の対象となっている。つまり，こうした驚きが原動力となって世界に対する問いかけの姿勢が生まれている。例えば，次はプロジェクトの最終振り返りの時点で得られた子どものコメントである。

　　「チョコレートを作ったとき，ビターチョコの（強い）香りがしました。
　　いろいろ調べて，ガーナという国がたくさん採っていること，世の中に

は勉強できない子どもがいて，「児童労働」というものがあるとわかった。売られているチョコはガーナから子どもが採り，苦労して甘いチョコレートに変わっているんだと感じました」

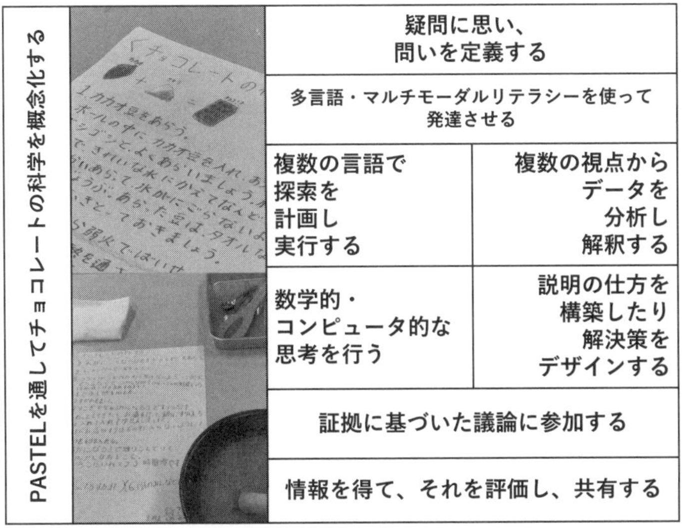

PASTELを通してチョコレートの科学を概念化する	疑問に思い、問いを定義する	
	多言語・マルチモーダルリテラシーを使って発達させる	
	複数の言語で探索を計画し実行する	複数の視点からデータを分析し解釈する
	数学的・コンピュータ的な思考を行う	説明の仕方を構築したり解決策をデザインする
	証拠に基づいた議論に参加する	
	情報を得て、それを評価し、共有する	

図2　PASTEL アプローチと横断的スキルによるチョコレートの科学の概念化

図3　学習の多記号性を実践する

子どもたちでは，道具（iPad，測り器，鍋など）によって学習を媒介することで，知識を身体的な知覚にむすびつけている。また，脱中心化を促す（同じ測りを使わない，マスク，エプロン，キッチンテーブルなどをどのように使うか）ことで，学習の「普通」の側面のすべてが異文化間の問いかけの対象となっている。このようにして，自然科学的な知識や社会科学的な知識との関係を学習者自身に体験させることで，近さと遠さの認識に働きかけている。すなわち，日常生活の中にあるオブジェクト（母親の使う台所からきたすり鉢など）は，文化的学習オブジェクトとなる（出身地によって，同じ方法や同じ道具で料理をするわけではない）。複数言語の使用に支えられたこの行き来は，先に述べた「むすびつけ」を促し，他者の世界に入り込み，学習オブジェクトの視点を多元化し，学習という行為をより全体的で多彩なビジョンの一部として見ることを可能にする。

4.　結論：領域横断的複言語学習のための PASTEL

　本章は，小学校でどのようにして複言語および領域横断的な教育シナリオを構築できたかを説明してきた。これは内容と言語（日本語，英語）の統合された学習のための橋渡しをする。またマルチリテラシーによる，体験的で，複言語・異文化間的なアプローチを促進することで，複数の領域にわたる知識のを身体的な感覚を大事にしながら，学習者の創造性を引き込むことが可能になった。複言語主義は次のいくつかの点で，これらのシナリオの資産として機能している。

[1]　教育者は，子どもの社会環境にある言語や文化を考慮することが推奨される。

[2]　学習する概念に対し，複数の言語を通して取り組むことで，脱中心化と複数の視点に開かれた態度の育成を促す。学習対象として提案されている外国語としての英語は，学習の架け橋としての役割を果たしうる。

[3]　他の言語や文化的環境を利用して，省察的なアプローチをサポートすることができる（例えば，日本では，都市の景観，すなわち道路，電車，地下鉄などに存在する様々な言語を取り上げることができる）。

　PASTEL アプローチの教育シナリオは，身体的な経験を通して，領域横断的な多感覚の実験のむすび目として，言語や言語以外の科目，文字を総合的な方法で取り入れるという，実践の変化を意味するものである。その目的は，視点の移動と「他者」への意識の向け方を発達させることにある。この意味で，複言語アプローチとそれによって生み出される創造的な活動は，ローカルかつグローバルな文脈に置かれた科学教育を，言語的多様性の認識，知の多元的な側面にむすびつけている。また，言語や記号的リソースの絡み合いの多様なプロセス，その質感や体現，生態，（言語や知識の）学習プロセスとの関連性を考慮に入れる方法を探すことで，私たちの教育行為の概念そのものを再検討することをも促している。

　本章で紹介してきた研究は，学習者が言語や記号的リソースを使いこなしたり，編み込んだりすることについての革新的な教育方略を取り入れた日本の教師の実践に基づくもので，世界言語としての英語教育をより複雑で多面的な方法で位置づけなおすことに成功している（Moore *et al.*, 2020）。このように学校制度の中で複言語主義を発展させることは，複言語・複文化能力の承認と価値づけ，さらに発展のための条件と様式について批判的な考察を行うことを意味している。特に，知識や技能へのアクセスの仕方，伝達可能性や横断性を含む普及のあり方について，複数の言語や分野の間で，様々な学習の場や学習文化を考慮に入れつつ問いかけることが重要である。これらの理由から，日本は，ほとんどの学習者のレパートリーとなっている英語，共有言語としての日本語，そして日々変化する風景の中で話されていたり存在している他の言語の教育と学習をむすびつけるための新しい方法を再考し，考案するためのすぐれた実験室でもある。

文　献

Berthoud, A.-Cl. & Gajo, L.（2020）. *The multilingual challenge for the construction and transmission of scientific knowledge.* John Benjamins Publishing.

Egli Cuenat, M., Cole, J., Muller, C., Szczepanska, Bleichenbacher, L. & Wolfer, B.（2011）. *Mobility for plurilingual and intercultural education: Tools for language teachers and teacher trainers.* Graz: European Centre for Modern Languages, Council of Europe Publishing. http://plurimobil.ecml.at/Portals/37/Documents/plurimobil_ engl_1_ rev260712.pdf

Fourmentraux, J.-P. (2014). Art, science, technologie: Création numérique et politiques de l'interdisciplinarité. *La revue des musiques populaires, 10*(2), 113–129.

Gajo, L. (2007). Linguistic Knowledge and Subject Knowledge: How Does Bilingualism Contribute to Subject Development? *International Journal of Bilingual Education and Bilingualism 10*(5), 563–581.

Gajo, L., & Steffen, G. (2014). Sciences et plurilinguisme: savoirs et perspectives en tension. Dans A.-C. Berthoud, & M. Burger, M. (Dirs.), *Repenser le rôle des pratiques langagières dans la constitution des espaces sociaux contemporains*. Bruxelles : DeBoeck.

Julien, M.-P. & Rosselin, C. (2005). *La culture matérielle*. Paris: Collection Repères, La Découverte.

Le Moigne, J.-L. (2008). Edgar Morin, le génie de la reliance. *Synergie Monde, 4,* 177–184.

Moore, D. (2018). PASTeL au musée. Plurilinguismes, AST (Art, Sciences, Technologie) et Littératies, quelles contributions pour la didactique du plurilinguisme ? Mélanges CRAPEL, 38(1), 59–81. http://www.atilf.fr/IMG/pdf/5_moore.pdf

Moore, D. (2021). Connecting educators, families and communities through PASTEL (Plurilingualism, Art, Science, Technology and Literacies) approaches in and around French immersion. In Guofang Li, Jim Anderson, Jan Hare & Marianne McTavish (Eds.). *Superdiversity and Teacher Education. Supporting Teachers in Working with Culturally, Linguistically, and Racially Diverse Students, Families, and Communities* (Pp. 187–202). New York & London: Routledge.

Moore, D., Oyama, M., Pearce, D. & Kitano, Y. (2020). Plurilingual education and pedagogical plurilanguaging in an elementary school in Japan: A perspectival origami for better learning. *Journal of Multilingual Theories and Practices, 1*(2), 243–265.

Morin, E. (2004). *La Méthode* (T IV, L'Éthique). Paris : Éditions du Seuil.

National Research Council (2012). *A Framework for K–12 Science Education: Practices, Crosscutting Concepts, and Core Ideas*. Washington, DC: National Academies Press.

Oyama, M., Moore, D., Pearce, D. & Kitano, Y. (2022). Plurilingual and intercultural education: A cross-disciplinary practice around chocolate in an elementary school in Japan. *The Japan Journal of Multiligualism and Multiculturalism, 27*(1) 1–25

Pearce, D. (2021). ピアース・ダニエル＝ロイ (2021).「小学校の外国語指導助手（ALT）はモノリンガルか？―単一言語教育に従う複言語話者の位相―」[Plurilingual Speakers within a Monolingual Education Paradigm: Are ALTs at Elementary Schools Really Monolingual?]『言語政策』*17*, 1–24.

第7章

日本における国語教育と
外国語教育の接続における課題

森篤嗣

　本章では，国語科教育を含む日本の国語教育と外国語教育との接続について
検討する。国語科教育は，学制成立期においては言語知識や言語スキルの習得，
その後は国民教育としてのアイデンティティ形成と共に読解中心主義へと変化し
ていった。昨今では，日本語指導が必要な児童生徒の増加や，PISA テストと
いった外因的な影響により，国語科教育には変化の兆しが見られる。

　現在の国語科教育は，言語の教育（「知識及び技能」）とコミュニケーションの
教育（「話すこと・聞くこと」「伝え合う力」）のいずれも扱っているが，教育現場
レベルでは依然として読解中心である。現在の国語科教育が日本語非母語児童生
徒を受け入れるには，あまりに「言語の教育」の要素が不足していることを述
べ，言語技術教育を改めて意識することの必要性を述べる。その具体例として，
中学校国語科教科書の実際を検討しつつ，外国語教育（とりわけ英語教育）との
接続の可能性にも言及する。最後に，「国語教育が入試制度とどのように折り合
いをつけていくのか」について，大学共通テストにおける記述式問題，高等学校
国語科目の再編を検討する。

キーワード

　言語知識，言語の教育，コミュニケーションの教育，言語技術教育，
　複言語教育

---

1. はじめに

　議論を始める前にまず確認したいのは「国語教育」の定義である。日本の学校教育においては，すべての教科や特別活動，その他の生活指導も日本語でおこなわれる。つまり，学校教育全体で「国語教育（日本語の教育）」をおこなっていると言える。そして，教科としての「国語科」では，主に日本語を母語とする児童・生徒に対する日本語の教育を担っている。

　しかし，この前提は現在では揺らいでいる。日本においても日本語を母語としない児童・生徒は増加の一途をたどっているからである。文部科学省は1992年から「日本語指導が必要な児童生徒の受入状況等に関する調査」を実施しており，2018年調査では日本語指導が必要な外国籍児童生徒が40,755人，日本語指導が必要な日本国籍の児童生徒が10,371人，公立小中高等学校などに在籍していることがわかっている（文部科学省, 2020）。諸外国に比べれば少数かもしれないが，日本も着実に多言語化への道を歩んでいる。

　国語教育と国語科教育の関係に話を戻す。教科にとどまらない「国語教育」は学校教育全体で担うはずであるが，教育現場ではその認識が十分に共有されているとは言いがたい。日々の学校生活で国語教育をおこなっているという自覚は，教師にはほとんどないだろう。むしろ，日本語指導が必要な児童生徒が学校にやってきて，学校生活を円滑に送るためには，国語教育が必要であることに初めて気付くのである。その意味では，日本の国語教育は日本語指導が必要な児童生徒がやってくることによって，初めて意識化される局面を迎えていると言えるだろう。

　そして，教科としての国語科教育は，日本では歴史的な経緯から文学作品の読解中心であることが多く，国語科教育が外国語科教育と「接続」以前に，そもそも比較可能であるかということですら疑問が残るというのが現実である。西山（2014: 27）では，「国語教育の名のもとにすすめられてきた日本語の教育」を「国民教育の中の言語教育」と位置づけている。確かに，日本の国語科教育は，自国の愛着やナショナル・アイデンティティの形成に重きを置いてきた経緯がある。国語教育だけでなく，国語科教育も多言語化する学校において「国民教育からの脱構築」を模索できる可能性がある。

　一方で外国語教育は，日本では英語教育とほぼイコールであると認識さ

れ，英語教育だけが極端に重用されている。「外国語活動」や「外国語科」という名称であるが，その対象は英語ばかりであり，他の言語を学ぶことはほとんどない。その意味では，日本の学校教育は多言語主義にも至っておらず，二言語主義の様相を呈している。先に述べた「日本語指導が必要な児童生徒の受入状況等に関する調査」の2018年調査では，英語を母語とする外国籍児童生徒は2.7%，英語を母語とする日本国籍児童でも11.6%と，多言語化する学校において英語は特別扱いされるだけの比率を占めるわけではない。日本において多言語化する学校の現実と，日本の外国語教育はかみ合っていないのが現状である。

　多言語化する学校において，日本の国語教育と外国語教育はどのように接続していくべきか。英語以外の外国語教育も視野に入れた複言語教育の実現は可能なのか。これらの課題の解決に向けて本章では，特に日本の国語教育を中心に，外国語教育と比較しながら，その目的や実態を概観していく。母語教育や第一言語教育は，その国の歴史や文化の影響を色濃く受けて成立しているため，第一言語教育と第二言語教育の「接続」を検討するためには，その背景をよく理解しておく必要があると考えるからである[1]。

2.　国語教育は何を目指してきたのか

2.1　国語科の成立

　学校教育において国語教育を中心的に担う国語科はどのようにして成立したのだろうか。

　　1872年：学制，小学教則（「綴字」「習字」など），中学教則略（「国語」「習字」「古言」）
　　1879年：教育令
　　1881年：小学校教則綱領（「読書」「習字」），中学校教則大綱（「和漢文」「習字」）

---

[1]　外国語教育や第二言語教育の国際比較研究は多いが，母語教育や第一言語教育の国際評価研究は意外に少ない。ここでも書いたように，各国の文化的背景が大きく異なるため，比較がしにくいことが要因であるが，複言語教育のこれからのためには「歴史的経緯を踏まえた第一言語教育の国際比較」は，欠かせない基礎研究の一つであると言える。

> 1886 年：小学校ノ学科及其程度（「読書」「作文」「習字」），尋常中学校
> 　　　　　ノ学科及其程度（「国語乃漢文」「習字」）
> 1900 年：小学校令施行規則（「国語科」）
> 1901 年：中学校令施行規則（「国語及漢文」）
> 1903 年：小学校令改正（国定教科書使用開始）

（国立教育政策研究所, 2002）

　上記のように，教科としての「国語科」の成立は 1900 年の小学校令施行規則によるものであり，およそ 120 年の歴史があるということになる。しかし，小学校令施行規則以前にも 1872 年の学制では小学教則に「綴字」「習字」「単語読方」「単語諳誦」「単語読取」「会話読方」「読本読方」「会話諳誦」「会話読取」「読本輪講」「文法」「書牘」，中学教則略に「国語」「習字」「古言」などが見られる（松尾, 2015）。さらに江戸時代（1603 年〜 1868 年）の寺子屋にまで遡ると，近代教育としての国語科のルーツはさらに以前からあると言える。

　このように見てみると，国語科のルーツは「読み」「書き」であったことがわかる。さらに先に挙げた小学教則の科目名を見ると，教育内容としては言語知識の習得が重視されていたことがわかる。一方，教授方法にも目を移してみる。松尾（2015）によれば，学制成立期における教授方法は「近世以来の基本的な読み書きや藩校（漢学塾，洋学塾，国学塾など）で用いられた素読，輪講という方法」であったという。「読本輪講」では，家庭での予習に基づいてその意味を講述させたり，教師が問答をしたりした[2]。教師とのやりとりはあったものの，あくまで知識の習得を確認するためのものであり，「読み」「書き」という言語スキルを身につけること，教養としての言語知識を身につけることが，国語科成立当初の目標であったと言える。

2.2　国語科学習指導要領における「目標」

　学校制度が整えられた後は，国語科は国民教育の側面を強くしていく。国

2　下等小学教則において輪講を冠する科目には「読本輪講」だけでなく，「地学輪講」「理学輪講」もあり，近代の新しい教育内容のための教授方法でもあった。

語科の目標は「知徳を啓發（文部省, 1900）」,「国民精神を涵養（文部省,
1941）」,「民主的な社会に望ましい人間を形成する（文部省, 1951）」のよう
に，国民教育としてのアイデンティティ形成を目標に掲げてきた経緯がある
（柴田・阿部・鶴田, 2021）。国語科教育で，言語知識や言語スキルの習得と
アイデンティティ形成のどちらに重きを置くかは，時代の要請により揺れ動
いてきた。
　現在の学習指導要領における国語科の「目標」は，小学校と中学校では一
部の文言以外は違いがない。ここでは，中学校を例に挙げる。

　　言葉による見方・考え方を働かせ，言語活動を通して，国語で正確に
　理解し適切に表現する資質・能力を次のとおり育成することを目指す。
　⑴社会生活に必要な国語について，その特質を理解し適切に使うこと
　　ができるようにする。
　⑵社会生活における人との関わりの中で伝え合う力を高め，思考力や
　　想像力を養う。
　⑶言葉がもつ価値を認識するとともに，言語感覚を豊かにし，我が国の
　　言語文化に関わり，国語を尊重してその能力の向上を図る態度を養
　　う。
　　　　　　　　　　　　　　　　　　　　　　　　　　（文部科学省, 2017）

　現在の中学校学習指導要領における国語科の目標には，⑴のような言語知
識や言語スキルの習得，⑶のような国民教育としてのアイデンティティの
形成が今もなお引き継がれていることがわかる。そして，現在の中学校学習
指導要領では，⑵として「社会生活における人との関わりの中で伝え合う
力を高め」と，コミュニケーションの教育を意識した文言がある（傍線部は
筆者による）。国語科という枠組みの中に限った想定ではあるが，言語スキ
ルの習得と国民教育としてのアイデンティティの形成に次ぐ，第三の目標と
して「コミュニケーションの教育」が据えられているのである。
　ただし，ここで「言語の教育」も「コミュニケーションの教育」も扱われ
ているといっても，それは学習指導要領レベルの話であり，実際の教育現場
では国語科教育は読解中心であることが多い。

2.3　国語科教育における「言語の教育」と読解中心主義

　国語科の目標の一つである「言語知識や言語スキルの習得」は，国語科成立当時は「読み」「書き」ができる国民を増やすためであったが，識字率の向上という目的を達した後は，国民教育としてのアイデンティティの形成と共に，文学作品における読解中心主義を形成していった。小田（2002: 224）では「読むことの学習指導は，周知のように国語科教育が従来もっとも多くの時間と労力をかけて実践してきた領域である」と述べており，国語科教育における読解中心主義は自明のものとして認識されている。戦前の国定教科書が「読本」という作品集であったため，言語知識を体系的に習得するというよりも，作品を読解して感想を持ったり述べたりすることが，国語科教育の中心となったのは必然であるとも言える。

　諸外国の母語教育や第一言語教育との比較する際におさえておきたいのは，日本における国語科教科書の特徴である。日本の小学校国語科教科書の特徴として，動物中心の道徳的な物語が多く（石原, 2005），全社の教科書に長く掲載される定番教材があることが挙げられる（二宮, 2010）。中学校国語科教科書では，動物中心ではないものの，定番教材があるのは同様の傾向がある。特に文学教材は定番教材として長く扱われることが多い。これらの特質が，国語科教育における文学教材に重きを置く傾向に影響していると言える。

　では実用的な言語スキルの教育はどう扱われてきたのだろうか。「言語の教育」としての国語科の試みは戦前も戦後も多数あったものの，中心とはおよそ言い難いのが現状である。渋谷（2008）は，戦前の国定教科書が，子どもたちが目にする数少ない活字の読み物であったというところから論を始め，戦後の時枝誠記編『国語 言語編』や垣内松三編『中等新国語 言語編』といった言語技術を取り上げた教科書の採択が広がらなかったこと，平成に入ってからも高校『現代語』が「大学入試に出ないから」という理由で採択率が伸び悩んだ挙げ句に消滅したという事実を指摘している。学校教育制度や学校教育課程の改革は，入試制度との兼ね合が大きいという点は，今後の国語教育の方向性を考える上でも重要である。

　それでは「コミュニケーションの教育」としてはどうだろうか。平成29年告示の小学校・中学校学習指導要領の策定に際しては，アクティブラーニ

ングが話題となり，最終的に「主体的・対話的で深い学び」として取り上げられることになった。こうした改革の方向は，国語科教育が「コミュニケーションの教育」へと向かう足がかりにはなるだろう。しかし，これも過去の経緯から見ると，入試制度との兼ね合い次第では，「コミュニケーションの教育」も一時的なブームとして消費されてしまう可能性もある。この点は6節で改めて取り上げたい。

3. 外国語教育における課題
3.1 外国語教育と「コミュニケーションの教育」

　これまで検討してきたように，日本の国語科教育は読解中心主義が長く続いており，「言語の教育」としての試みの多くは挫折している。「コミュニケーションの教育」としても，まだ模索中の段階であると言える。では，外国語教育はどうだろうか。

　2011年度から小学校5・6年生に外国語活動が導入された。外国語活動は教科として位置づけられず，週1コマと試行的に開始された。そして，2020年度の小学校学習指導要領実施からは小学校3・4年生に外国語活動（週1コマ），5・6年生に外国語科（週2コマ）が導入された。

　中学校では2012年度から中学校外国語科の授業時数が週3コマから週4コマに拡充された。そして，2021年度の中学校学習指導要領では「授業は英語で行うことを基本とする」と明記された。

　学習指導要領における外国語科の「目標」は，国語科と同じく小学校と中学校では一部の文言以外は違いがない。ここでは，中学校を例に挙げる。

> 　外国語によるコミュニケーションにおける見方・考え方を働かせ，外国語による聞くこと，読むこと，話すこと，書くことの言語活動を通して，簡単な情報や考えなどを理解したり表現したり伝え合ったりするコミュニケーションを図る資質・能力を次のとおり育成することを目指す。
> (1) 外国語の音声や語彙，表現，文法，言語の働きなどを理解するとともに，これらの知識を，聞くこと，読むこと，話すこと，書くことによる実際のコミュニケーションにおいて活用できる技能を身に付けるようにする。

(2) コミュニケーションを行う目的や場面，状況などに応じて，日常的な話題や社会的な話題について，外国語で簡単な情報や考えなどを理解したり，これらを活用して表現したり伝え合ったりすることができる力を養う。

(3) 外国語の背景にある文化に対する理解を深め，聞き手，読み手，話し手，書き手に配慮しながら，主体的に外国語を用いてコミュニケーションを図ろうとする態度を養う。

（文部科学省，2017）

学校教育における外国語科における学習指導要領「目標」では，国語科教育の「目標」にはない「コミュニケーション」という文言が多用（5回）される（下線部は筆者による）。

このように，「コミュニケーションの教育」は，国語科ではなく外国語科で強く前面に押し出されている。外国語科でも「外国語の音声や語彙，表現，文法，言語の働きなど」のように，「言語の教育」の側面は扱われているが，それ以上に「コミュニケーションの教育」が強調されている。

一方，国語科教育でも先ほど述べたように，学習指導要領では「言語の教育」も「コミュニケーションの教育」も扱われているが，実際の教育現場では読解中心主義がほとんどである。しかし，日本語指導が必要な児童生徒を迎えるようになった今，国語科教育は，いつまでも「母語の教育」だけではいられないはずである。国語科教育は，「言語の教育」と「コミュニケーションの教育」を，外国語教育との接続を意識しながら進めていく必要性に迫られてくるだろう。

3.2 外国語教育における複言語教育の必要性

西山（2014）が述べるように，外国語教育はナショナル・アイデンティティ形成のための学校教育に相反する。外国語教育は児童生徒の目を他者の文化に向けさせる。すなわち，外国語をツールとして言語スキルを獲得するという目的の他に，アイデンティティの複数性を承認する学びにつながる。

ただ，ここで問題なのは，日本の外国語教育が「外国語」と銘打ちながらも，ほぼ英語しか対象としていない点である。先にも述べたように，増加し

ている日本語指導を必要とする児童生徒は，英語母語話者ばかりではない。今後の外国語教育の課題として，一人一人の学習者が英語だけではなく複数の外国語に触れることによって，アイデンティティの複数性を自覚できるような学びの場を用意する必要があるだろう[3]。

　このとき，複数の外国語に触れるといっても，当該の外国語の「読む」「書く」「聞く」「話す」の全ての習得を目指す必要はない。

　　外国語の熟達度を，ある時点では不完全であったとし ても，複言語能力を豊かにする構成要素として位置づけるのである。

（吉島, 大橋, 2014: 157）

　上記の通り，CEFR（Council of Europe, 2001）における「部分的能力」の概念に基づき，部分的であっても複数の外国語に触れることは，アイデンティティの複数性を自覚するための複言語教育になり得る[4]。それどころか，従来，明示的に意識されてこなかった国語教育（教科以外の日本語の教育）の契機となる。ここではじめて国語教育と外国語教育の「接続」が見えてくる。

　もちろん，英語教育も外国語教育の一つであるため，「複数ある外国語のうち最も身近な外国語の一つ」として英語教育をおこなうことを否定する必要はない。日本語だけよりも，英語という他者の言語文化を意識することには一定の価値がある。しかし，日本語指導が必要な児童生徒が，同じ教室にやってきたとき，その児童生徒が話す外国語に触れることは最もリアルな学びの場となる。英語以外の外国語を話す児童生徒を異端の目で遠ざけたり，当該の児童生徒が自己を抑圧したりするようなことがないようにすべきである。

3　大山（2016）における「言語への目覚め活動」は，ここで課題として挙げた「学びの場」構築のための具体的な示唆の一つと言える。理論的側面だけではなく，教材作成や教育実践を伴う試みである点が教育現場への還元という点で有用である。

4　「部分的能力を認めること」と，「学習者が限定された範囲の学習で満足すること」とはイコールではない。たとえ，限定的・部分的かつ不完全な言語的能力であったとしても，複言語能力を豊かにする構成要素として位置づけるということである。

　日本語指導を必要する児童生徒を迎えることを，日本における外国語教育から複言語教育へと進展させる契機とすべきである[5]。

4.　「言語の教育」と「コミュニケーションの教育」をつなぐ言語技術教育

　ここまで見てきたように，国語科教育は「言語知識や言語スキルの習得」により，国民の読み書き能力を身につけさせるために始まった。しかし，その目的を達した後は，「国民教育としてのアイデンティティ形成」と合流して，読解中心主義へと進んでいった。国語科教育が日本語母語児童生徒だけを対象にし続けるのであれば，読解中心主義でも大きな不都合は生じないかもしれない。しかし，時代は動きつつある。国語科教育は日本語指導が必要な児童に「言語の教育」を用意できるのかという課題を突きつけられているのである。

　ただ，「言語の教育」が単なる言語スキルの養成に留まることを批判する見方もある。例えば，西山 (2014) では，学校教育の目的を職業準備とする「職業教育主義」，教育をサービス業として消費する「学生消費者主義」を挙げ，教育のスキル化を危惧している。確かに言語教育が言語スキル教育に終始すると，そこから得られる学びは，アイデンティティの形成からは遠くなる。

　しかしこうした懸念を踏まえてもなお，日本の国語科教育における読解中心主義では，例えば文学作品において主人公の心情を読み解くといった学習活動が多いという現状がある (5.2 節で詳細を取り上げる)。こうした読解活動は，日本語指導が必要な児童生徒にとっては文化的背景が理解できず困難であるとされる (今澤・齋藤・池上, 2005)。つまり，現在の国語科教育では，日本語指導が必要な児童生徒を受け入れるには，「言語の教育」があまりにも不足しているのである。そして，「うまく話す／聞く／読む／書く」ための「言語の教育」ということを考えると，日本語指導が必要な児童生徒だけではなく，日本語母語児童生徒にとっても十分であるとは言い難い。表面的に日本語が「できる」や「わかる」から，「うまくできる」「よくわかる」へと導く「言語の教育」は，いまの国語科教育 (特に小中学校) に必要

5　日本の学校教育における複言語教育導入の可能性については，森 (2022) で論じたので参考にして欲しい。

とされている。

　平成 29 年度版国語科学習指導要領では，これまで「言語事項」や「国語の特質に関する事項」と呼ばれていたものが，「知識及び技能」に統合された。「コミュニケーションの教育」は「話すこと・聞くこと」によって「伝え合う力」の育成という形で表されるのは変わっていない。

　そこで，言語の教育（「知識及び技能」）とコミュニケーションの教育（「話すこと・聞くこと」「伝え合う力」）をつなぐものとして，Language Arts の訳語としての言語技術教育に注目したい。言語技術教育は，時枝（1954, 1963）や興水（1962）を先駆としている。外国語教育とは異なり，「話す／聞く／読む／書く」が「できる」ようになること（言語スキル教育）は，学制成立期とは異なり，現代の国語科教育には求められていない[6]。自己を表現するために，「うまく話す／聞く／読む／書く」ための「言語の教育」を，ここでは言語スキル教育とは区別して「言語技術教育」と呼ぶ。

　国語科教育を含む国語教育が非母語話者対象ではなく母語話者対象であることや，多数の教科の一つである国語科で「話すこと・聞くこと」に割り当てることのできる時間数の制約などを考えると，外国人を対象とした日本語教育のように，場面に応じた言語使用そのものを授業で繰り返すということは現実的ではなく，学校外（社会）でも活きるような汎用性のある言語技術教育を模索するのが妥当である。

　森・牛頭（2010）では，外国人に対する日本語教育の「話す」「聞く」教育をモデルに，小学生が学校生活で遭遇する場面を想定したロールプレイ活動を提案し，教材化した。学校外（社会）でも活きるような汎用性のある言語技術教育の提案の一つである。2015 年版や 2019 年版の小学校国語科教科書では，ロールプレイ活動を取り入れた教材も見られるようになっている[7]。

　ロールプレイ活動は，タスクの達成が目標であり，タスクの達成のために日本語の表現を工夫するだけでなく，その他の非言語行動（表情やジェスチャー，絵を描くなど）を用いてもよい。その意味では，ロールプレイ活動における付く達成は必ずしも日本語でなくてもよく，外国語教育や複言語教

6　小学校低学年での読み書きや，漢字教育は除く。

7　「伝えにくいことを伝える」（2015 年版，2020 年版 光村 6 年），「あなたなら，どう言う」（2020 年版 光村 4 年上）など。

育との接続も可能である。

5.　中学校国語科教科書の実際
5.1　中学校国語科教科書における「話すこと・聞くこと」

　本節では，平成 29 年版中学校国語科教科書（光村図書）から，汎用性の
ある言語技術教育として活用可能な教材を見ていき，外国語教育との接続の
可能性を検討する。

> （1 年）「好きなもの」を紹介しよう：スピーチをする
> （1 年）話題や方向を捉えて話し合おう」：グループ・ディスカッション
> 　　　　をする
> （2 年）魅力的な提案をしよう：プレゼンテーションをする
> （2 年）話し合って考えを広げよう：パネルディスカッションをする
> （3 年）社会との関わりを伝えよう：相手や目的に応じたスピーチをする
> （3 年）話し合って提案をまとめよう：課題解決に向けて会議を開く

　「話すこと・聞くこと」の教材として，中学校 3 年間で上記の 6 つの教材
が掲載されている。グループ・ディスカッションやプレゼンテーションな
ど，外国語教育でもおなじみの活動が取り上げられていることがわかる。外
国語運用能力が十分であれば，外国語教育でも同様の活動が可能である教材
と言える。

　しかし，これらの「話すこと・聞くこと」の教材が，国語科の授業として
熱心に扱われているかというと，担当教師の裁量によることが大きい。教育
現場の実態としては，かなりばらつきがあると思われる。

5.2　中学校国語科教科書における「読むこと」と話し合い

　平成 29 年告示中学校国語科学習指導要領の「読むこと」(2) イには，「小
説や随筆などを読み，考えたことなどを記録したり伝え合ったりする活動」
とあり，「話すこと・聞くこと」だけではなく，文学教材や説明文教材の事
後学習として話し合いがおこなわれる。

「メロス」の行動や考え方，作品の表現のしかたについて，感想を述べ
合おう。

「メロス」の行動や考え方について，共感できたところや，できなかっ
たところを，その理由と共に考えてみよう。

（太宰治「走れメロス」『国語 2』光村図書の学習の手引きより）

　例えば上記のような課題がある。この話し合いの評価は教育現場ではどの
ようにおこなわれているのだろうか。外国語教育において文学作品が扱われ
ることが少ないのは，日常生活で読むものとの乖離が大きいことや，評価が
難しいことなど，言語技術を身につけるのに適していないからだと思われ
る。国語教育は文学作品の読解と感想の述べ合いにより，何を目指している
のだろうか。文学作品の読解と話し合いの目的の一つを挙げてみるとすれ
ば，自分と異なる考え方や価値観を知るということがあるだろう。日本の学
校教育は，基本的に同年齢集団でおこなわれる。同年齢集団であったとして
も，個々人のものの見方や考え方は異なる。自分とは異なる考え方や価値観
を持つ人間と意見を交わすことは，複数のアイデンティティのぶつかり合い
を生む。この学びの成果は，複文化教育の第一歩と言っても良い。

　しかし，それをあえて文学作品でおこなう必然性は何か。また，なぜ同年
齢集団での教育に限定するのか。他の可能性はないのか。こう考えると，日
本の国語科教育の読解中心主義に「話し合い」を無理に組み合わせただけの
学習は，意味がないわけではないが，物足りなさがある。作品の感想を述べ
合い，作品固有の問題について話し合うだけではなく，学校外（社会）でも
活きるような汎用性のある言語技術に展開していく必要があるが，それが達
成されるかはやはり担当教師の裁量が大きい。

5.3　中学校国語科教科書における語彙指導

　また，昨今の国語科教科書は語彙指導にも力が入れられている。平成 29
年版中学校国語科教科書（光村図書）から例を挙げてみる。

　（1 年）言葉を集めよう：類義語

　（2 年）言葉を比べよう：形容詞の比較

　　（3 年）言葉を選ぼう：言葉の変化

　1 年の「言葉を集めよう」では，「味」「食感」「見た目」「かおり」という語を軸に類義語マップを作成し，集めた言葉を使って好きな食べ物の紹介文を書くという活動が載っている。3 年の「言葉を選ぼう」では，「ざっくりとした説明」という表現について，文化庁の「国語に関する世論調査」の結果を示して，世代ごとの言語認識の違いについて考えさせる教材がある。

　語彙指導というと，知らない言葉を頭に詰め込んでいくような活動が思い浮かぶが，母語教育である国語科教育では一般的ではない。語彙指導に関しては，語彙体系を理解するための教材や，それらの語を実際に使用することを目指した教材も増えている。こうしたアプローチは，外国語教育とも共有できる。

　また，親族名称の違い（例：brother と兄弟／ sister と姉妹）など，日本語と英語との文化的背景を踏まえた特性の違いに着目した教材が外国語教育にも見られる。このように語彙指導に関しては，国語教育と外国語教育の接続がしやすい点には注目したい。ただし，言語知識のもの珍しさだけを伝えるような指導だと表面的な学びになってしまう点には留意が必要である。

6.　国語教育は入試制度とどのように折り合いをつけていくのか

　先にも述べたとおり，学校教育制度や学校教育課程の改革は，入試制度との兼ね合いによることが大きい。本来であれば，国語科に限らず教科を学ぶ目的には，知識と教養の伸長ということになるだろうが，実際はそのような綺麗事だけでは済まされない。高校入試や大学入試といった入試での成果を上げるために教科に取り組むということが生徒本人，保護者，そして教師ですらも既成事実化しているのが現実であるからである。

　まず，入試制度そのものではないが，国語科教育のあり方に大きな影響を与えた PISA テスト（読解力）に触れておきたい。PISA テストの結果は，読解中心の日本の国語科教育に見直しを迫る契機となった。PISA テストの得点推移は図 1 の通りである。

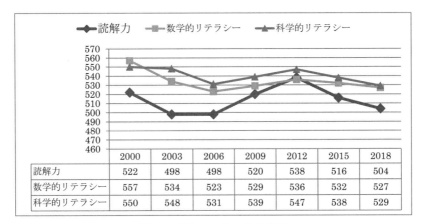

図1　PISA テストの得点推移

続いて，日本の平均順位推移も見ておこう。図2の通りである。

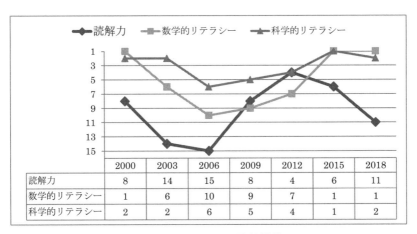

図2　PISA テストの順位推移

　読解力は2000年に522点で8位という結果で始まり，数学的リテラシーや科学的リテラシーの好成績に比べて悪く，PISA ショックと呼ばれる国語科教育への疑問や批判が巻き起こった。

　その後も2003年，2006年と悪化が進んだが2009年に持ち直し，2012年

に 538 点で国別では 1 位になった。ただ，国語科教育の抜本的改革が進んだわけでもなく，PISA テストが良化した要因ははっきりとしていなかった。そのせいもあり，2015 年には 516 点で 6 位，2018 年には 504 点で 11 位と，また順位を落とし，改めて国語科教育の内容や PISA テストに対応可能な入試制度の再考が迫られることとなった[8]。

　2020 年度には大学入試センター試験から大学共通テストへの移行にあたり，PISA テストに対応可能な表現力の育成を目指す一環として，大学入学共通テストにおいて記述式問題を導入が検討され，試行テストまでは実施された。記述式問題の導入は，国語科教育改革という点ではかなりのインパクトがあったが，試行テストのあと急遽見送りとなった（文部科学省，2020）。50 万人以上の受験する大学共通テストにおいて，記述式問題の採点の負担，また公平性の担保が極めて難しいということは設計段階から言われていたが，それを押し切って進めようとしたところ，最後は世論に押される形で中止となった。こうした経緯が，日本における国語科教育の改革にどのように影響してくるかは今後を見守りたい。

　また，学校教育制度に関する大きなトピックとして，高等学校国語科目の再編がある。

（必修）国語総合 (4) →現代の国語 (2)，言語文化 (2)
（選択）国語表現 (3)，現代文 A (2)，現代文 B (4)，古典 A (2)，古典 B (4)
　　　　→論理国語 (4)，文学国語 (4)，国語表現 (4)，古典探究 (4)

　上記は 2022 年度からの高等学校国語科目の再編内容である。大学進学者が多い高校では，これまで「国語総合」「現代文 B」「古典 B」を履修していた。これが，「現代の国語」「言語文化（古典を含む）」「論理国語」「古典探究」となることが予想される。「文学国語」は標準単位数を超えて履修させる高校もあるとは思われるが，「文学国語」の履修が全国的に減少することは想像に難くない。

8　PISA テストにおける日本の読解力の不振は，様々な要因が絡んでおり，一概に従来の日本の国語科教育の否定につながるとは言えない側面もある。詳しくは森（2021）も参照してほしい。

　実際の運用は始まってみなければわからないが，仮に「文学国語」の履修者が少なくなるのであれば，大学側も入試科目に文学を課さなくなる可能性があり，国語科教育の文学読解中心主義に影響を及ぼす可能性がある。今後の成り行きを見守りたい。

7.　まとめ

　本章では，国語科教育を含む日本の国語教育と外国語教育との接続について検討してきた。外国語教育と比べると，学制成立期は言語知識や言語スキルの習得，その後は国民教育としてのアイデンティティ形成と共に読解中心主義へと変化していった。一方で，日本語指導が必要な児童生徒の増加や，PISA テストといった外因的な影響により，国語科教育には変化の兆しが見られる。

　現在の国語科教育は，言語の教育（「知識及び技能」）とコミュニケーションの教育（「話すこと・聞くこと」「伝え合う力」）のいずれも扱っている。本章では，現在の国語科教育が日本語非母語児童生徒を受け入れるには，あまりに「言語の教育」の要素が不足していることを述べ，「言語の教育」と「コミュニケーションの教育」をつなぐ概念として，時枝（1954, 1963）や輿水（1962）を先駆とした言語技術教育を改めて意識することの必要性を述べた。

　さらに，中学校国語科教科書の実際を検討しつつ，外国語教育（とりわけ英語教育）との接続の可能性も述べた。ただし，教育現場における指導については担当教師の裁量が大きいため，教育制度や教科書だけでなく，本章では論じることができなかったが，教員養成や教師教育の改革も重要である。

　最後に，「国語教育が入試制度とどのように折り合いをつけていくのか」については，新しい大学共通テストの今後や，高校「論理国語」の導入，「文学国語」の採用の成り行きなどに注目していく必要がある。

文　献

文化庁（2019）.「日本語教育の推進に関する法律の施行について（通知）」
　　<https://www.bunka.go.jp/seisaku/bunka_gyosei/shokan_horei/other/suishin_
　　houritsu/1418260.html>, 2021 年 3 月 29 日.

Council of Europe (2001). Common European Framework of Reference for Languages: Learning, teaching, assessment. Cambridge University Press. (吉島茂・大橋理枝訳・編 (2014)「外国語の教育 II 外国語の学習，教授，評価のためのヨーロッパ共通参照枠 (追補版)」朝日出版社)
<https://www.goethe.de/ins/jp/ja/spr/unt/kum/ger.html> , 2021 年 3 月 29 日.

今澤悌・齋藤ひろみ・池上摩希子 (2005).『小学校「JSL 国語科」の授業作り』スリーエーネットワーク.

石原千秋 (2005).『国語教科書の思想』筑摩書房.

国立教育政策研究所 (2002).「国語科系教科のカリキュラムの改善に関する研究―歴史的変遷・諸外国の動向―」<https://www.nier.go.jp/kiso/kyouka/PDF/report_09.pdf>, 2021 年 3 月 29 日.

興水実 (1962).『国語スキルのプログラム学習』明治図書.

松尾由希子 (2015).「「学制」成立期の小学校・中学校における教育課程の編成に関する基礎的研究 (1) ―文部省及び東京師範学校の「小学教則」・「中学教則」の分析―」『静岡大学教育研究』11, 1–23.

文部省 (1900).『小学校令施行規則』文部省.

文部省 (1941).『小学校令施行規則改正』文部省.

文部省 (1951).『学習指導要領国語科編〔試案〕』文部省.

文部科学省 (2017).『中学校学習指導要領』文部科学省.

文部科学省 (2020).「令和 3 年度大学入学者選抜に係る大学入学共通テスト実施大綱の見直しについて(通知)」<https://www.mext.go.jp/content/20200130-mxt_daigakuc02-100001207_1.pdf>, 2021 年 3 月 29 日.

文部科学省 (2020).「「日本語指導が必要な児童生徒の受入状況等に 関する調査 (平成 30 年度)」の結果の訂正について」<https://www.mext.go.jp/content/20200110_mxt-kyousei01-1421569_00001_01.pdf >, 2021 年 3 月 29 日.

森篤嗣・牛頭哲宏 (2010).『小学生のための会話練習ワーク ロールプレイでコミュニケーションの達人を育てる』ココ出版.

森篤嗣 (2021).「学校教育における表現活動―問題解決学習と授業研究―」西口光一 (編)『思考と言語の実践活動へ―日本語教育における表現活動の意義と可能性―』115–134. ココ出版.

森篤嗣 (2022).「学校教育における「共生社会のためのことばの教育」の可能性 」稲垣みどり・細川英雄・金泰明・杉本篤史 (編)『共生社会のためのことばの教育：自由・幸福・対話・市民性』pp. 141–168. 明石書店.

二宮晧 (2010).『こんなに違う！世界の国語教科書』メディアファクトリー.

西山教行 (2014).「複言語主義に見る言語教育の目的」『ヨーロッパ日本語教育』19, 17–28.

小田迪夫 (2002).「読むことの学習指導の研究史的展望」全国大学国語教育学会 (編)『国語科教育学研究の成果と展望』pp. 224–228. 明治図書.

大山万容 (2016).『言語への目覚め活動 複言語主義に基づく教授法』くろしお出版.

柴田義松・阿部昇・鶴田清司 (2021).『あたらしい国語科指導法 六訂版』学文社.

渋谷孝 (2008).『国語科教育はなぜ言葉の教育になり切れなかったのか』明治図書.

時枝誠記 (1954).『国語教育の方法』習文社.

時枝誠記 (1963).『改稿 国語教育の方法』有精堂.

鶴田清司 (2001).「言語技術」大槻和夫 (編)『国語科重要用語 300 の基礎知識』明治
　　図書.

第8章

教室に，自分のなかに，複数言語を響かせる

―言語の等価性に関する認識へ―

山本冴里

　本章では，日本の地方大学において実施された複言語教育実践について述べる。複言語主義を理念とし，言語と文化のための多元的アプローチ（CARAP）に具体的な方向性のヒントを得たこの実践では，学習者は自律的に，「はじめて学ぶ，学びたい言語を学ぶ」。十数もの言語が学ばれるこの教室で教師は，自分自身が熟達者である言語を初学者に教えるのではなく，学習者がみずから新たな言語にアプローチしていくための足場架けを行う。実践への参加を通して学習者は，「目標言語に関する知識や技能」，「言語の自律学習に関する技能」など様々なものを学ぶ。なかでもこの実践に特徴的であるのは，「母語，第一言語の再発見と相対化」を通して，「言語の等価性に関する認識」の萌芽が見られるという点だ。

キーワード
複言語教育実践，価値としての複言語主義，二重の単一言語主義

1．序

　本章では，日本の地方大学において学部一年生を対象に実施された複言語教育実践について述べる。この実践は選択科目として設置されているが，履修率は高く，定員100名の学部で，これまでに最大の履修登録者数では86

人を記録した。さらに数人の交換留学生や社会人が加わる。例年，交換留学生，社会人をのぞけば，参加者のほとんどが，実践に参加するよりも前には，英語以外の外語を学習した経験はない[1]。

　学習者に提示するこの実践のテーマは，「はじめて学ぶ，学びたい言語を学ぶ」である。（ほぼ）はじめて学ぶものでさえあれば何語でも良い，各自で決めてほしい，と伝えてある[2]。このことから，例年，学習対象とされる言語は全体で 10 を超え，多いときには 15 前後にのぼる[3]。目標言語のなかには，担当教師（本章筆者）にとってほとんど未知の言語も含まれているという点で，他にあまり例を見ない実践であると思われる。

　本章では，以下，2 で背景としている理念や，実践の構想にあたって助けになった概念的ツールについて記す。3 では実践の概要について，4 では教師の役割について述べるが，教師の役割についてはすでに山本（2019）で詳細に検討しているため，本章では概括にとどめる。5 では，この実践で学習者は何を学ぶのかということを論じる。最後に 6 で，この実践が設置された現実的な背景と，それを踏まえつつ実践のメタ的な意味について述べたい。

2.　背景にある理念とツール

2.1　複言語主義

　実践を構想するにあたって念頭にあった理念は複言語主義だが，欧州評議会の出している資料にあってさえ，複言語主義の概念は完全に統一されているわけではない。筆者が最も影響を受けたのは，欧州評議会言語政策局（2016/2007）による『ヨーロッパ言語教育政策策定ガイド』における複言語

1　外語という用語は一般的ではないが，筆者は，母語が母国語とは異なるのと同様の意味で，外語と外国語とを異なるものとして使用している（詳しくは，山本2010）。たとえば，この実践では，北海道アイヌ語や日本手話を学びたいという学習者がいればそれを学ぶことができるが，北海道アイヌ語や日本手話を外「国」語と言ってしまうことに違和感が残るはずだ。

2　「（ほぼ）はじめて学ぶもの」と，「（ほぼ）」と入れた理由について説明したい。これは，まったくはじめてとは言えずとも挨拶や数字を幾つか知っている程度にとどまるならば，この実践での学習対象と見なし得るということだ。

3　2015 年の開講以来，この実践で学ばれてきた言語は，日本語名の五十音順で，アラビア語，イタリア語，インドネシア語，韓国語，クメール語，スペイン語，スワヒリ語，タイ語，中国語，ドイツ語，ハンガリー語，ヒンドゥー語，フィンランド度，フランス語，ベトナム語，ヘブライ語，ポルトガル語，マレー語，リトアニア語，ロシア語である。

主義である。そこには，複言語主義には「価値として」「能力として」というふたつの側面がある，と記されていた。

　　価値としての複言語主義：言語に対する寛容性を養い，その多様性を積極的に容認する基礎となる。複言語の話者が自らのその能力を意識することは，自分自身あるいは他者が使用する言語変種がそれぞれ同等の価値を持つことへの同意に結びついていく

　　　　　　　　　　　　　　　（欧州評議会言語政策局，2016/2007: 18–19）

　　能力としての複言語主義：すべての話者に内在する，単独で，ないし教育活動によって導かれて 2 つ以上の言語を用いたり，学んだりする能力　　　　　　　　　　　　　　　　　　　　　（同，2016/2007: 19）

　筆者は，この両側面のどちらかではなく，双方の下支えとなる実践をしたいと考えた。参加者それぞれが特定の目標言語を学びつつも，同時に他言語に開かれた精神をより強く持てるようにすることを目指し，そのための実践を構想した。

2.2　「言語と文化のための多元的アプローチ」（CARAP/FREPA）

　具体的な実践の方向性を定めるにあたって頻繁に参照したのは，「言語と文化のための多元的アプローチ」（Un cadre de référence pour les approches plurielles des langues et des cultures / A framework of reference for pluralistic approaches to languages and cultures）である（以下 CARAP）。

　CARAP において「能力」は，次のように捉えられている（CARAP, compétences et ressources）。

・社会的な妥当性を保ちつつ，状況や複雑なタスクに結びついている。
・ある程度の複雑さを持った単位である。
・様々に異なる内的なリソース（通常，知識，技術，態度のすべて）と外的なリソース（辞書，媒介者など）を活性化させる。

　そのうえで，CARAP では，複言語・複文化の力にとってとりわけ重要な能

力を次のように描写している（以下 C1-C7 の訳は大山（2016: 51–52）による）。

C1: 他者性の環境の中で言語的・文化的コミュニケーションをする能力
C2: 多元的な言語的・文化的レパートリーを構築し，それを拡充する能力

この C1，C2 の共通部分に位置づけられるのが，次の 5 つの能力である。

C3: 脱中心化する能力
C4: 馴染みのない言語的／文化的要素に意味づけをする能力
C5: 距離を取る能力
C6: 自分が置かれた状況や（コミュニケーション／学習）活動を批判的な仕方で分析する能力
C7: 他者，他者性を承認する能力

　欧州評議会の言語教育ツールといえば CEFR が飛びぬけて有名だが，本実践では，CEFR よりも CARAP を参考にしている。なぜなら，CEFR は「能力として」の複言語主義を考えるうえで非常に有効なツールであり，実際，欧州評議会言語政策局（2007/2016）においても，「能力として」の複言語主義については，CEFR における複言語主義の説明に合致する，という趣旨の文章がある（欧州評議会言語政策局，2016/2007: 19）が，「価値として」のそれに関する部分は CEFR では手薄だと考えられるからだ。
　しかし，本実践においては，2.1 に記したように，「能力として」の部分だけでなく「価値として」の側面もあわせた双方を担保することを目指している。そして CARAP では，C1-7 のうち，とりわけ C3「脱中心化する能力」，C5「距離を取る能力」，C7「他者，他者性を承認する能力」において，複言語主義の 2 つの側面（前述）のうち，より「価値としての複言語主義」に方向性を同じくする，と筆者は解釈している。
　さて，CARAP には大別して 4 つの教授法があるとされている。「言語への目覚め活動（Awakening to languages）」「同族言語の相互理解教育（Intercomprehension of related languages）」「統合的教授法（Integrated didactic approaches）」「間文化教育（Intercultural education）」であり，本実践は，な

かでも「統合的教授法」に影響を受けている。「統合的教授法」とは，学習者が学校教育のなかで教育される限られた数の言語同士を相互に関係づけられるよう支援するというアプローチだ⁴。ただし，日本語で「統合的教授法」と呼ぶ際に「教授」をするのは教師というイメージが強いが，本実践では，教師はあくまでもサポート役であり，学習を進めていくのは学習者自身である。そのことを踏まえつつ筆者の立てた方針は，「学習者が，自身の言語レパートリーにすでに持つ様々な言語を関連づけつつ，目標言語を学んでいけるようにする」ための様々な方策を立てる，というものだった。

3.　実践の概要

　実践は，1週に1度の頻度（1.5時間）で，8週間継続された⁵。各週の内容は，おおむね3つの部分から成り立っている（図1）。

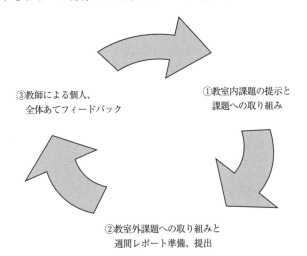

③教師による個人、
　全体あてフィードバック

①教室内課題の提示と
　課題への取り組み

②教室外課題への取り組みと
　週間レポート準備、提出

図1　各週の構成

4　「統合的教授法」の説明については，以下のウェブページに掲載されているものを日本語訳した。European Centre for Modern Languages, Pluralistic approaches to languages and cultures [https://carap.ecml.at/Keyconcepts/tabid/2681/language/en-GB/Default.aspx]（2021/3/3最終確認）

5　この科目が設置された学部は，セメスター制ではなくクオーター制をとっている。8週間は1クオーターに該当する。

　学習者は，毎回の授業で配布されるワークシートに沿って，様々な課題に取り組む（図1内①）。授業後には，教室外で取り組むべき課題が提示される。その一部は教師が指定するが，他の一部は学習者が自身で細部を決める。次の授業前日に，学習者は，それまでの一週間弱で課題にどのように取り組み，何をどのように学んで，何ができるようになったのかということを，オンラインのmoodleシステムを用いて教師に報告する（図1内②）。個人的にフィードバックするべき事柄があれば，教師はメール等により連絡するが，全体宛ての共有が意味を持つと考えられる事柄については，次の授業冒頭で，教室全体に向けてフィードバックされる（20〜30分程度）（図1内③）。フィードバック後には，ふたたび新たな課題ワークシートが配付されるので，学習者は目標言語ごとに分かれて手分けしつつ，助けあいつつ，時には教師に手助けを求めつつ，課題に取り組む（図1内①）。

4.　教師の役割

　本実践で提出を課している最終レポート内で，「授業の中で言語を学んでいく際，私は単に文法や単語を教えられたことは一切なかった」と記した学習者がいる。では，この実践において教師は何をしていたのか？　本章では，この実践における教師の役割について6点を提示する。ただし，この6点については，すでに山本（2019）で詳細に検討しているので，本章では概括にとどめる。

1）学習の進め方に関する大まかな指示

　ワークシートは，基本的には一週分につきA4一枚に収まる範囲での課題を課しているが，学習者の様子に応じて，いくつも追加課題が入る。学習ツールや機会を見つけようとさせるもの，目標言語の基本的な構造をさぐるもの，など様々である。指示は週を追うにつれて発展し複雑化する[6]。

6　たとえば第1週の指示には，「『私は大学生です』を目標言語でどのように言うのか調べる」という課題があるが，これは第2週に課される「Youを意味する語（一番よく使われるもの）を調べる」「Yes/Noを尋ねる疑問文のマーカーを調べる」という指示と組み合わされることによって，第3週の「『あなたは大学生ですか？』をどのように言うか予想する」という課題に取り組むことを可能にする。この課題はそれまでの「調べる」とは異な

2）学習方略の提示

　言語学習の様々な方略を提示し，可能な場合には体験する機会を提供している。言語習得に役立つインターネットサイトの情報を提供することもある。とくに重視しているのは「観察」と「仮説形成，予想と確認のくりかえし」という方略である[7]。

3）情報の共有化

　定期的に，目標言語が重ならない学習者同士でグループを作らせ，各自の目標言語についての発見や学んだことを共有する時間を設けている。また，授業開始時の全体宛てフィードバックの際に，各週レポートに書かれていた，学習者による発見，学習者ができるようになったこと，学習者が作り出した新たな学習ストラテジーを共有している。

4）学習者モデルの提供

　この実践において教師は，学習者が探している問いへの正解を直接的に与えることはない[8]。しかし，どのような手順で調べたり仮説を立てたり観察したりしていけば正解にたどりつくことができるのか，という手順を示すことはできる。したがって，学習者がワークシートに記された課題を達成できないという時には，教師は自身もまたその言語を学ぶ学習者と位置づけ，どのような方策を取ればその達成ができるかを示唆する。一緒に取り組むこともある。

り「予想する」ことを指示している。それまでの知識を総動員して予想し，その後ではじめて調べるという順序である。学習者には，不正解だった場合には，予想した答と調べて出てきた答の差から目標言語のシステムについて様々な仮説を立て，それを検証していくよう求めている。

7　この点に関わる学習者からの感想を，レポートより引用する。「今まで中国語の語順は英語とほとんど同じであると思っていたため，日本語の表記方法（語順：引用者注）と同じ部分もあるということに驚き，そしてその言語の知識がなくても観察するだけでここまで色々とわかるようになるということが新たな発見であると感じた」。

8　目標言語によっては，教師が高い言語技能を持つ場合もあるが，直接的に「正解を伝える」ことは一切していない。

5）複言語話者との出会いの機会を提供

　留学生や地域の複言語話者，目標言語話者を 20 人程度教室に招き，各グループに入ってもらって，学習者に，目標言語をリアルな目標言語話者に向かって実際に使ってみるという機会を提供している。

6）学習者がぶつかった事例，感情の相対化

　週間レポートで不安や困難が吐露された場合，全体へのフィードバック時に，不安や困難の背景を分析して，日本語をはじめ，他言語と比較しつつ提示している。

　本実践において教師は，自分自身が熟達者である言語を初学者に教えるのではなく，学習者がみずから新たな言語にアプローチしていくための足場架けを行う。上記の 6 点は，そうした足場架けを分類したものだが，筆者には，これらの基礎にあるのは教師自身の複言語知識と複言語能力であるはずだ，という思いが強い。

　たとえば，週間レポートに，「ロシア語が読めるようになりました」と記した学習者がいる。この部分に対して，どのようにコメントするか。「ラテンアルファベットが読める」からといって，「英語が読める」とは言えないのと同様に，「（ロシア語の筆記に用いられる）キリル文字が読める」からといって，「ロシア語が読める」とは言えない。その点で，「ロシア語が読めるようになりました」という学習者の言葉は，ぬか喜びにすぎないのかもしれない。

　しかし同時に，キリル文字は，学習者本人は気づいておらずとも，ロシア語以外の言語，文化への扉を開く鍵にもなる。「キリル文字が読めるようになったんですね。がんばったね」などの後に，「ロシア語だけでなく，ウクライナ語，ベラルーシ語，ブルガリア語，セルビア語，マケドニア語などの文字が読めるようになったんですね」と自在に続けることができれば，学習者が持つ複数言語世界へのイメージは広がっていく。

　本実践において，または類似の実践においては，複言語に繋がる引き出しを増やしていくほど，教師のフィードバックの質は上がっていくことを筆者は確信している。筆者自身の今後の最大の課題である。

5.　この実践で学習者は何を学ぶのか

　この実践で学習者は何を学ぶのか。2.2 に引用した CARAP の C1-C7 それ
ぞれに関係する本実践での学びをまとめると，表 1 になるものと思われる。

表 1　この実践で学習者は何を学ぶのか

C1	該当なし
C2	目標言語に関する知識と技能 目標言語の使用地域，文化に関する知識 言語の自律学習に関する技能
C3	母語，第一言語の再発見と相対化
C4	言語の自律学習に関する技能
C5	母語，第一言語の再発見と相対化
C6	母語，第一言語の再発見と相対化 言語の自律学習に関する技能
C7	他言語，他者，歴史への興味 言語学習の悦び

　紙幅の都合上，上掲すべての点について議論することはできないが，以下
では，5.1 で，これまでの学習者の大多数がレポート中で言及していたとい
う点で本実践の特徴的な点だと思われる「言語の自律学習に関する技能（C2,
4, 6 に関連）」および「言語学習の悦び（C7 に関連）」について，5.2 では価
値としての複言語主義に強く関連する「他言語，他者，歴史への興味（C7
に関連）」および「母語，第一言語の再発見と相対化（C3, 5, 6 に関連）」に
ついて，具体例を挙げながら論じていく。

5.1　多くの学習者がレポート中で言及していた点について
5.1.1　言語の自律学習に関する技能（C2, 4, 6 に関連）

　繰り返しになるが，本実践では，教師が直接的に目標言語についての知識
を教えることは無い。学習者は，教師によって提示される様々な学習ストラ
テジーを体験したり，自ら創りだしたり，他の学習者が創りだしたものを
（フィードバックを通して）取り入れたりしながら，言語の自律学習に関す
る技能を身につけていく。以下，斜体部分は学習者らによるクオーター末の

最終レポートからの引用である。

　　　私の新たな言語学習の原点は確実にこの授業にある。この授業を通し
　　ていくつもの言語学習の手法が生まれ，覚えるものによって，学習方法
　　を切り替えた。

　この実践で学習者らが創案した学習ストラテジーには，ゲーム（プログラ
ミングが趣味という学習者が自身のための学習サイト構築／スマートフォン
に，目標言語で英語と同じように書く単語を発音させ，その発音の特徴か
ら，どのような語なのかを当てる），語彙ネットワーク図を描く，Siri の音
声認識システムを利用して日々の天気は目標言語で確認する，買い物リスト
は目標言語のみで作る，電子レンジの残り秒数表示はつねに目標言語で読み
あげるなど，多数にのぼる。
　また，実践の全期間を通して，仮説形成と観察の重要性については繰り返
し伝え体験させているため，レポートには，この 2 点についての言及も多
い。

　　　私ができるようになったのは，文章の肝となる部分を理解して言語学
　　習をするということです

　　　教科書や参考書に頼って受動的に学ぶのではなく，必死になって自分
　　なりの仮説を立てるほうが一度に多くのことを学べ，仮説が他の仮説と
　　つながったときの喜びも感じることができます

　　　（トイレの多言語表示が一部読み取れたことの報告に続いて：引用者
　　注）何よりもびっくりしたのが，今までまったくそんなところに目を向
　　けてこなかった自分が，そのようなことに目を向けて主体的に学ぼうと
　　していることだった

　ある学習者は，レポートの中で，この実践で学んだことを「何か物事に関
して視野を広げることや想像力を膨らませてより多くの可能性を考えるこ

と，そして根拠となる部分を探して関連性を見つける能力を培う」こと，とまとめている。こうした技能は，おそらくは言語学習にとどまらず，様々な学問領域に応用可能であるはずだ。

5.1.2　言語学習の悦び（C7 に関連）

「言語学習の悦び」は，この実践に特徴的なもの，というわけではない。しかし，数多くの学習者が最終レポートのなかでこの点に言及していたこと，またその筆致が時には情熱的なものであるという点は，特徴的だと考えられる。

> ものすごく楽しかった

> わくわくした

> 私のなかに，ロシア語を使っているという感覚が生まれている。もっと使いたい。学びたい

> 発見ばかりの授業だった。自分の知らないことを学ぶことができ，自分の知見を広げることができる素晴らしい機会だった

　上に引用したレポートのなかに，「発見」という言葉がある。この実践での「発見」は，教師に教えられるものではなく，自身で探求的に見つけ出して初めて手に入れられるものだ。そのことが，こうした悦びの表現に繋がっていったものと思われる。

5.2　価値としての複言語主義に関連して

5.2.1　他言語，他者，歴史への興味（C7 に関連）

「他言語，他者，歴史への興味」は，直接的には，「目標言語が国語／公用語として用いられている地域をひとつ選び，その地域で歴史上重要だとされている年と，その年に起こった出来事を 3 つ探してください」「目標言語が国語／公用語として用いられている地域をひとつ選び，近代以降において，

その地域から来て日本で暮らした人／日本出身でその地域に暮らした人が，どのような道のりをたどったのかを調べてください」などという各週課題の一部から導かれたものと思われる。

しかし，こうした興味は，言語に焦点化された課題から引き出されることもあった。

（曜日を読み取れるようになる，という課題：引用者注）では，<u>単にベトナム語での言い方を学ぶだけにとどまらず，ベトナムの歴史についても学ぶことができた</u>。日本語で曜日を表すときは惑星の名前に由来するが，ベトナム語では日曜日から始まり，そこから数えて何番目に来るか？ということで成り立っていた。ただし，日曜日は「第一日」としてではなく「主日」という意味を表すベトナム語だった。日本語での表記の場合，7日間の中でどの曜日がメインだという感覚はなく，カレンダーなどでも日曜日が始まりのものもあれば月曜日始まりのものもあり，優先順位を考えたことがなかった。そのため，ベトナム語での言い方を知った際に「主日」という言い方に<u>違和感を抱き</u>，同じ順序の規則性を持つ中国の影響があるのではないかと<u>仮説を立てた。</u>
　しかし，<u>実際に調べてみると</u>由来は全然違う地域にあった。それは，ポルトガルの宣教師がキリスト教を伝達する際に同時に伝わったということだった。キリスト教の旧約聖書では月曜日が始まりとされているが，新約聖書におけるグレゴリオ暦では日曜日が全ての始まりとされている。（中略）改めて考えてみると，ベトナムはかつてフランスの植民地であった。大航海時代にグレゴリオ暦が伝わり，その考え方が今でも曜日の表現として残っているのは，植民地時代の宗主国だったフランスがカトリックの国だったからではないかと<u>考えた。</u>（下線は引用者による）

この解釈の妥当性そのものは，ここでは問題にしない。注目されるのは，学習者はここで，ベトナム語での曜日を単純に記憶したのではなく，「違和感を抱き」，「仮説を立て」，「実際に調べてみ」て，「考え」，そのうえで結果として「単にベトナム語での（曜日の）言い方を学ぶだけにとどまらず，ベトナムの歴史についても学ぶことができた」という実感を得ているとい

う点だ。

　こうした歴史への学びはまた，教室全体へのフィードバックをきっかけとする場合もある。次のレポートは，筆者がポルトガル語学習者へのフィードバック中に提示した文章について感じたことをきっかけに，イタリア語を学ぼうとしていた学習者が記したものだ。

　　　イタリア語に興味を持っていた私にとっては，ポルトガル語とイタリア語の共通点を見つけることができた，奇跡のような瞬間で，非常に知的興奮を覚えた（中略）ポルトガル語とイタリア語（の繋がり：引用者注）について調べた。その結果，同じラテン語から派生しているため，イタリア語，スペイン語，フランス語，ポルトガル語は非常に似ていて，同じ単語や似た単語も多くあるそうだ

5.2.2　母語，第一言語の再発見と相対化（C3,5,6 に関連）

　この点が，筆者が本実践においてもっとも特徴的だと考えている点である。4 章 6) に記したように，筆者は，学習者から週間レポートで不安や困難が吐露された場合，全体へのフィードバック時に，不安や困難の背景を分析して，他言語（とくに日本語）と比較しつつ提示している。

　例年見られる不安例に，課題「目標言語において，過去を示すマーカーが有るか無いか，無い場合にはどのように過去を表すのか」に対する反応がある。目標言語において過去形が無いこと，無いと推測できてしまうことに戸惑い，「時制がない言語などあるのか，という疑問が消えない」といった不安を記す学習者は多い。こうした不安には「動詞に過去形や未来形が無い，ということと，過去や未来をことばで表せない，ということは異なる」ことを強調したうえで，実は日本語の場合にも動詞に未来形があるわけではなく，日本語の動詞は過去／非過去で活用することを実例とともに示す。

　　　（日本語の動詞に未来形がないということを知って：引用者注）言われてみればそうだなと感じ，中国語に過去形がなくて不便であるなと感じてしまった自分が悔しかった。生活していて（日本語に：引用者注）未来形がないことに困ったことはほとんど，というか全くないと思う

し，なんなら英語を学んで時制が明確に分かれていることに困っていた
自分を思い出した

　時制についてのフィードバックは一例にすぎないが，このようなフィード
バックを繰り返し得ることや，既習言語や母語と比較しながら目標言語につ
いて学んでいくことで，学習者らは，上のレポートに見られるように，目標
言語についてばかりでなく，母語について再発見することもある。下記のレ
ポートからの引用のうち，下2例は交換留学生による。

　　日本語に関しては完全に理解していると思っていたが，意外とそうで
もないんだなということを実感させられた

　　目標言語は中国語であるけれど，"言語学習"という名目のもと目標
言語を通じて日本語について考えさせられる機会が大変多かった。(中
略)言語へのアプローチのきっかけが特定の言葉にすぎなかったとして
も，そこからどのように掘り下げていくのかということで，これまでの
日常生活で当たり前のように使っていた日本語にも疑いと興味を持って
臨むことができる

　　先生が言ってた中国語のこと(過去形のこと)，初めて聞きました。
言われてみたらそうでした。自分の母語なのに知らないのが少し悪いと
思います　　　　　　　　　　　　　　　　　　(中国からの交換留学生)

　　授業中に「あ」と「お」の間の発音が「ウォ」韓国語では「ㅓ」の発
音であることは初めて認識した　　　　　　　(韓国からの交換留学生)

　次の引用は，こうした再発見が，母語や，意識的に学んだ初めての言語で
ある英語を絶対視する見方からのある程度の解放，相対化と，言語そのもの
についての思考へと結びついていく可能性があることを示している。

　　今までは英語と日本語という比べ方しかできなかったが，そこにイン

ドネシア語という種類の違う言語が加わることによって，新たな視点で
日本語や英語を捉えることができ……（後略）

　自国の言葉をふくめ，少なくとも三つの言語（の場合：引用者注）で
考えてみることができる。（中略）この授業を通して，私の言語観にた
くさんの変化があったと思う

　言語について考える機会が増えたというのが率直な思いである

　これらが，言語の等価性（スピヴァク 2011）に関する認識へ，すなわち，
「幼児期の言語習得過程を通じて最初に身につけた言語というのは，自分が
話している言語だけではないのであって，こうした言語習得過程はいかなる
言語にも当てはまる（同 33）」「自分の第一言語が占めている唯一無二の場
所を他のものが占めることができる（同 33–34）」という認識を，そして「自
分自身あるいは他者が使用する言語変種がそれぞれ同等の価値を持つことへ
の同意（欧州評議会言語政策局 2016/2007）」を育むのではないか。

6.　実践の前に，そして向こうに

　2.1 に本実践を支える理念を示したが，実際には筆者は，まずは理念あり
きでこの実践を設置したわけではなく，設置の背景には，現実的な事情が
あった。

　実践を行った学部では，基本的には学生全員の交換留学参加がうたわれて
いた。行き先の約 8 割は非英語圏の大学だが，英語以外の外語教育は，こ
の学部の開設と同時期から，大学全体で，そのほとんどが廃止されていた。
非英語圏のいずれの行き先においても英語での講義受講機会は保証されてい
たとはいえ，外語教育の意図的かつ大幅な縮小は，「英語以外の外語には価
値がない」あるいは「英語学習のためには省略できる」という隠れたメッ
セージを学生に伝えてしまうものだ，と筆者は考えていた。

　筆者にとってこの実践は，大学が打ち出す隠れたメッセージや，内では日
本語，外に対しては英語のみという「二重の単一言語主義」的な見方への抵
抗であると同時に，多くの現実的な制約のなかで，学生たちに提示できるオ

ルタナティブなありかた，という意味を持っている。学生たちがこの実践で学ぶ言語は，英語（具体的には，TOEIC，IELTS などにより数値化されたその能力）と異なり，どの留学先に行けるかという選抜や就職試験などにおいて，直接的に役に立つわけではない。しかし，それでも，複言語学習を通して学生が得られるものは確実にある。前章ではそれらを，CARAP を参照しつつ分類しながら述べたが，複言語学習は，こうした分類から溢れだすような，こうした分類では捉えきれないような何かへの可能性をもはらんでいる。

　「新しい言語を学ぶというのは，旅をすること」――ある学生は，最終レポートにこのように書いていた。そして，本当に，新たな言語の学習は，人生を広げていく可能性がある。

　　自分が住む場所とは違う場所に住む人々が当たり前のように使用している言語は，はじめは，まるで違う星の言葉のように聞こえるが，少しずつ知っていくうちに自分もその言語を聞き取れたり，喋れたり，会話したりすることができるようになり（中略），そうしていくうちに世界が広がっていく感じがする

　　全く馴染みのないインドネシア語を選択した。そして，8週間前までそんな意識であった言語だったにも関わらず，今現在こんなにも身近に感じることができ，そしてこの言語について詳しくなれたことに驚いている。テレビ番組などを見返して見ると，意味不明な音の繋がりを羅列していた異国のひとが，喋っている瞬間にどのような種類の感情や意思を持ち，どうしゃべりかけているのか理解できるようになった。インドネシア語を全く理解できないときも，少し感覚を掴めるようになっても，どっちにしろテレビ番組でインドネシア語を話しているその人は私にとって外国人であり顔を合わせたこともない見知らぬ人だ。しかし，その人の意思を少しでも言葉から感じ取れるようになっただけで，私はその人に“人間み”を感じることができるようになった。（中略）

　　ただ全く未知だった言語を学ぶことで，新しい言語を習得できるようになるだけではなく，その言語に通ずる新しい世界を見ることができるようになると思う。その言語を用いている人々の意見や考え方はもちろ

ん，その言語の背景にある人々の価値観や世界観まで学ぶことができた
と感じた。それは自分の思考に追加されるものであり，これによって自
分の思考の選択肢が広がり，考えに幅ができた

　教室にも，そこに参加する個々人のなかにも，複数の言語とそれをきっか
けにした様々な思考を響かせること。それが，この教室で筆者が目指してい
ることだ。内田（2008, p.33）は，「（教育の本質は）『こことは違う場所，こ
ことは違う時間の流れ，ここにいるのとは違う人たち』との回路を穿つこ
と」，と記している。複言語教育はその絶好の機会ではないか。

文　献

CARAP（Cadre de Référernce pour les approches plurielles/ Framework of reference for pluralistic approaches），European Centre for Modern Languages [https://carap.ecml.at/Keyconcepts/tabid/2681/language/en-GB/Default.aspx]（2021/3/3 最終確認）

CARAP（Cadre de Référernce pour les approches plurielles/ Framework of reference for pluralistic approaches），compétences et ressources, European Centre for Modern Languages <https://carap.ecml.at/Descriptorsofresources/tabid/2654/language/fr-FR/Default.aspx>（2021/3/3 最終確認）

ガヤトリ・C・スピヴァク（2011）. 鈴木英明（訳）『ナショナリズムと想像力』青土社.

大山万容（2016）.『言語への目覚め活動―複言語主義に基づく教授法―』くろしお出版.

欧州評議会言語政策局（2016）. 山本冴里（訳）『言語の多様性から複言語教育へ―ヨーロッパ言語教育政策策定ガイド―』くろしお出版.（Council of Europe, Language Policy Division 2007, *From linguistic diversity to plurilingual education: Guide for the development of language education policies in Europe*, <http://rm.coe.int/CoERMPublicCommonSearchServices/DisplayDCTMContent?documentId=09000016802fc1c4>（2021/3/3 最終確認））

内田樹（2008）.『街場の教育論』ミシマ社.

山本冴里（2010）.「『外国語』に対して『母国語』-『母語』の位置関係にある『X 語』の提案―フランス語の langue étrangère 概念を足場として―」『リテラシーズ』7, 21–29.

山本冴里（2019）.「自律的な外語学習を支えるクラスの実践報告―ひとつの教室で10を超える言語が学ばれるとき―」『複言語・多言語教育研究』7, 172–182.

第9章

構築中の複言語レパートリーを活かす統合的教授法

—日本の大学でのフランス語教育を事例として—

ミッシェル・カンドリエ／大山万容

　本章は複言語教育の一つである統合的教授法と，日本の大学での第二外国語教育におけるその意義について論じる。複言語教育では，学習者がそれまでに獲得した言語レパートリーの「統合」をいかに行うかが問題となる。統合的教授法は近年，定義そのものが発展し，学校のカリキュラムの中にある複数言語の統合という観点だけでなく，学習者の家庭言語や既習言語を含むものへと，また学習方略の関連付けを含むものへと進化した。

　本章の後半では，日本の大学でのフランス語教育における統合的教授法の実践を紹介し，学習者の複言語レパートリーに焦点を当てることと，日本における第二外国語教育の発展との関係について論じる。

キーワード
統合的教授法，複言語能力，多元的アプローチ，日本での第二外国語教育

1.　複言語教育の構築のために

1.1　複言語教育と多元的アプローチ

　複言語教育は21世紀に入ってヨーロッパを中心に広がった教育的アプローチであり，その目的は多岐にわたっている。複言語教育の研究や実践を行っているとする論文は多いが，それらのすべてがこの概念を厳密に定義しているわけではなく，また定義は論者によって異なることがある。ここでは

その最新の定義の中から次を取り上げたい。

> 「複言語教育で中心になるのは，言語どうしの接触である。複数の言語から始めて，複数の言語へと向かって学ぶ。より一般的な言い方をすれば，複数の言語を使って学習する」

（著者訳，Fonseca & Gajo, 2016: 1483）

　ここで「複数の言語から始め」るとは，学習者がすでに持つ複数言語レパートリーを意識して学習をすることを意味している。言語教授法の歴史の中では「学習者の保持する言語とはどのようなものか」という点に注意を向けない傾向が長く続いてきたが，複言語教育ではむしろそこに注目する。「複数の言語へと向かって」学ぶとは，人は異言語を学んだ結果，必ず複言語話者になるという事実を強調する。これは従来の「ネイティブ・モデル」が，そのように明言されていなくても実際にはモノリンガルのネイティブを最終到達目標にしていること（Herdina & Jessner, 2002）を踏まえている。これらを考慮して複言語教育を捉えるならば，学習活動は，「複数の言語を使って」行われるものとなる。なぜなら仮に一つの言語のみを対象とした学習であっても，学習者の言語レパートリーにはすでに別の言語があり，また学習の結果として複数の言語を保持する個人が生まれるためである。

　一方，多くの研究者（たとえば Gajo 2006: 63; Meissner *et al.* 2004: 15）が，複言語教育の目的を次のように大きく2つに分けて捉えている（Candelier, 2021）。

1. コミュニケーションの観点から，様々な言語教育・学習を接続させようとするもの
2. 言語や文化に関する知識，観察や分析の能力，言語やその話者，文化に対する態度など，言語や文化のより全体的な力を伸ばそうとするもの

　複言語教育研究では，1970年以降にそれぞれ独立して生まれたアプローチをまとめて，2000年代初頭に「言語と文化への多元的アプローチ」（Les Approches plurielles des langues et des cultures）（以下，「多元的アプローチ」

とする）という概念が作られた。これは「同時に複数の言語的または文化的
な変種を扱って行われる教育活動」（Candelier *et al.,* 2012; de Pietro & Gerber,
2015）と定義されるもので，そこには前述のカテゴリーで言えば 2. に該当
する「異文化間アプローチ」，「言語への目覚め活動」および「異文化間アプ
ローチ」と，同じカテゴリーで言えば 1. に該当する「同族言語間の相互理
解教育」および「統合的教授法」が含まれる。本章ではこの統合的教授法に
焦点を当てて論じる。複言語教育を行う研究者は，多元的アプローチを複言
語教育と捉えることが多く（Moore, 2006 など），また多元的アプローチの実
践・研究者もまた，それを複言語教育と捉えていることが多い。さらに，複
言語教育と主張される教育を見ていくと，その具体的な実施において，複数
の言語・文化を用いた活動を伴うことが非常に多い。つまり複言語教育と多
元的アプローチとは，名称は異なるものの，同じ領域をカバーしている。

1.2　全体論的能力観

　複言語教育と多元的アプローチのいずれもが，人間の持つ能力の全体論的
な捉え方に基づいている。ここで全体論的とは，「能力が部分に分解でき，
その部分の総和が能力である」という見方を否定し，むしろ個々の構成要素
の関連性を重視する見方である。これは Coste, Moore & Zarate（1997）にお
いて提唱された「複言語・複文化能力」という概念に顕著に見られるもの
で，ヨーロッパ言語共通参照枠（以下 CEFR）を通じて広く普及した。複言
語・複文化能力によれば，複数の言語や文化的能力を獲得・習得した個人
は，次のようである。

　　　「これらの言語や文化を別々の区画に置くのではなく，言語に関する
　　　あらゆる知識や経験が寄与し，言語が相互にかかわりあうような一つの
　　　コミュニケーション能力を構築している」

　　　　　　　　　　　　　　　　　（著者訳，Conseil de l'Europe, 2001: 11）。

　ここで「一つのコミュニケーション能力」と表現される能力観に着目しよ
う。バイリンガルに対するこのような見方の大元はフランソワ・グロジャン
の研究に求められる（Grosjean, 1985）。グロジャンが提唱したのは「バイリ

ンガルの全体論的能力」，すなわち，バイリンガルとは 2 人のモノリンガル
を足し合わせたものではなく，分割することのできない統合された一つの言
語能力を持つ一人の個人だ，とする見方である。このような見方は，英語圏
では 1990 年代に第二言語習得（SLA）の領域でヴィヴィアン・クックの一連
の研究に影響を与え（たとえば Cook, 1991），2000 年代にはヨーロッパでヘ
ルディナとジェスナーによる多言語話者の言語能力の心理言語学的モデルへ
と影響を与えた（Herdina & Jessner, 2002）。フランス語圏では，スイスにお
ける Lüdi & Py（1986 / 2002）の研究に影響を与え，また上述のフランスで
の Coste, Moore & Zarate（1997）の研究へとつながった。

　複言語・複文化能力の見方によれば，たとえば，具体的に複数の言語を操
り，複数の文化を行き来して生きる人は，その人が持つ言語・文化圏に属す
る「モノリンガルのネイティブ話者」の役割を複数行っているのではなく，
複数の言語や文化がそれぞれ関わり合い，影響を与え合うような（すなわち，
個々の要素に分解しつくせないような）全体性を持った一人の個人としてあ
る，と考えられる。これは，20 世紀の言語教育が漠然と描いていた，「言語
教育の目的とはネイティブのような能力を身につけることだ」とする見方と
は根本的に異なるものである。

1.3　複言語教育から，第二外国語学習を考える

　前述の全体論的能力観から，第二外国語学習を考えるとどうなるか。バイ
リンガルを 2 人のモノリンガルネイティブ言語話者を足し合わせたもので
あるとする見方をとるならば，外国語教育の成功とは，母語を含むその他の
言語ができるだけ混ざりこまない状態（＝モノリンガルネイティブ話者のよ
うな状態）を達成することにある。そこで言語学習においても，目標言語以
外の言語は外国語学習の基盤となるものでありつつ，かつ排除されるべきで
あるという相反する地位を与えられてきた。しかし複言語・複文化能力の見
方によれば，第三言語教育の学習目標である言語能力は，学習者本人の「言
語に関するあらゆる知識と経験」（Conseil de l'Europe, 上掲），すなわち構築
過程にある複言語レパートリーの上に成り立っており，また，言語はその人
の中で相互に関連し，影響を与え合うものであるから，学習中に言語間のリ
ンクを確立することはもちろん許容される。それどころか，次に述べるよう

に，言語間のリンクを確立することは，複言語・複文化能力を発達させるためにむしろ望ましいと言えるのである。

　Moore（2006）は複言語教育を実践するためには，「学習とその目標について，モノリンガルかバイリンガルか，という見方から，複言語主義の見方へと移行する必要がある」と述べている（242–243）。言い換えると，複言語教育の目標は，単に特定言語の能力開発という観点からではなく，学習者の複言語レパートリーの開発という観点から考えられるべきである。ここで学習者の複言語レパートリーとは「固定化された集合」ではなく，「複数の複雑かつ動的な（可変的な）集合」であり，また言語接触や文化接触は「学習の可能性を開くための資源」と捉えられる。このような接触はもちろん，社会の中で，異なる言語を話す人同士が出会うことによっても生じうるが，複言語教育を実践する教師が介入することによって，教室で引き起こすこともできる。また2016年に欧州評議会から出た『複言語・異文化間教育のためのカリキュラム開発・策定ガイド』には，複言語・異文化間教育の目的は「すべての言語教育の統合と収束」にあると述べられている（Beacco *et al.*, 2016: 16）。教育における複言語主義の発展とは，足し算（すなわち，学ぶ言語の数を増やすこと）にあるのではなく，個別言語の習得を目標とする場合でも，学習者のそれまでの学習の「統合」をいかに行うか，という点にあるのだ。そのための具体的な方策の一つが，統合的教授法である。

2.　統合的教授法：理論
2.1　定義の発展
　多元的アプローチの一つである統合的教授法は，日本で英語以外の外国語の学習を促進することに直接関わる。この教育アプローチは欧州評議会による研究プロジェクトの中で，2012年に「学校のカリキュラムで学ぶ限られた数の言語を，学習者が結びつけられるように助けることを目指すもの」（著者訳，Candelier *et al,* 2012: 6）と定義された。

　ヨーロッパで行われている統合的教授法の典型的な事例として，たとえば次の表1に挙げた教材がある。ここではすでに第一外国語として英語を学んでいる学習者に，第二外国語としてのドイツ語を教えるとき，英語の法助動詞を使って紹介する。教室では，動詞の位置について2つの言語を対比

させる活動が行われる。すなわち，学習者の複言語レパートリーにすでにある複数の言語を，教師の介入によって，明示的な形で接触させ，それによって言語を統合的に理解するよう働きかけるのである。

表1　典型的な統合的教授法の例（Kursiša & Neuner, 2006）

英語（第一外国語）	ドイツ語（第二外国語）
I really <u>must go</u> now	Ich <u>muss</u> jetzt aber wirklich <u>gehen</u>
He <u>can speak</u> Russian fluently	Er <u>kann</u> fliessend Russisch <u>sprechen</u>
<u>May</u> I <u>go</u> home now, please	<u>Darf</u> ich jetzt bitte nach Hause <u>gehen</u>

　多元的アプローチに関する研究の発展を受けて，Candelier, Escudé and Manno（2022）は，統合的教授法の定義をさらに次のように拡張した。

　　　「統合的教授法は，学習者が学ぶ言語と，構築中の自身の言語レパートリーのなかにある他の言語との間にリンクを構築できるよう支援することを目的としている。統合的教授法はまた，その言語を学習・処理する際に，他の言語との関わりで発達した方略との間にリンクを構築できるよう支援する。」（著者訳）

　拡張の第一点目は，「学習者が学んでいる言語と，発達中のレパートリーである他の言語との間に関連性を持たせることを支援する」点である。Candelier *et al.*（2012）では，学校のカリキュラムの中にある複数の言語間のリンクを形成することを重視していたのに対して，新しい定義は，学校で学習する言語にとどまらず，学習者のレパートリーの中にあるすべての言語を含んでいる。つまり学習者が学校外で学んでいる言語や，すでにレパートリーの中にある言語（家庭言語など）も含まれる。この定義の拡張により，家庭言語が学校で教えられる言語に該当しない場合も統合的教授法は成り立ちうることを示している。

　拡張の第二点目は，統合的教授法によって確立されるリンクの性質にかかわるものである。2012年の定義では言語間のリンクを作ることのみが重視されていたが，この拡張により，他の言語学習の中で開発した学習方略の連

携を図ることも重要であると明確化された。学習方略としては，言語処理
（たとえば文章の読解）の方略を挙げることができる。例えば，ドイツ語圏
スイスで開発された，異なる言語の教科書をつなぐ『Brücken』シリーズ
（Klee & Cuenat, 2011）では，小学 6 年生の児童が英語学習を始めるとき，小
学 3 年生の時に経験したフランス語教育での語彙の学習法を参照しながら
学習できるように工夫されている。

2.2　歴史と展開

　言語教育の方法を統合すること自体は新しい考えではなく，むしろ古くか
らあると言ってよい。まずフランス語圏では，フランスの政治家であるジャ
ン・ジョレス（Jean Jaurès : 1859–1914）が，20 世紀初頭にすでにロマンス諸
語の学習のために南仏の地方語を利用することを提唱している（Jaurès,
1911）。しかし言語教育学での統合的教授法はエディ・ルレ（Eddy Roulet）
の名前と結びつけて語られることが多い。ルレは「母語で形態変化の観察を
学んだ学習者は，第二言語でも同じプロセスを発見し，把握することができ
るだろう」（Roulet, 1980: 86）とし，L1 と L2 の学習には「統合されたプロセ
ス」が働くため，学校の言語教育でそのプロセスを反映させるべきだと論じ
た。

　一方で 20 世紀の言語教育では，言語同士の接触は言語的な逸脱，社会的
なハンディキャップや障害と認識されることが多く，フランス語圏でもバイ
リンガリズムは「有害な要素」と捉えられてきた（Tabouret-Keller, 2011）。
言語教育を席捲したコミュニカティブ・アプローチは，母語を排除するわけ
ではないものの（Castellotti, 2001）言語の「無意識的な操作」こそを重視す
るもので，言語の操作を「意識化する」教授法とは鋭く対立する側面を含ん
でいた（Kelly, 2019）。こうしたことにより統合的教授法は十分に進展しな
かった。1970 年代初頭，欧州評議会はトゥルク・シンポジウムの報告書で，
母語教育と現代諸語の教育との間のリンクの確立に向けた努力は十分とは言
い難いものであるとし，これを確立する必要性を指摘している（Conseil de
l'Europe, 1973）。同報告書はまた，母語教育と外国語教育の主たる目的のひ
とつは「学習している言語の性質と機能に関心を持たせる」ことであり，教
師はこれらの言語を教えるときに「自分たちの教育活動を調整し，共通の言

語的な原則に基づいた教育を行う」ことが重要だと述べている。

　ドイツ語圏の言語教育では，「第三言語としてのドイツ語」（Hufeisen & Neuner, 2004）という概念がよく知られている。外国語としてのドイツ語教育は，外国語としての英語教育の後で行われることが多いため，ドイツ語と英語が同族言語であることを利用して，文構造の違いや音韻変化などを体系的に教えるものだ。これは同族言語の相互理解教育（intercomprehension）とも呼ばれ，コミュニケーションのうち，主として受容能力を伸ばすことを主眼としている。

　英語圏の言語教育の発展をみると，ジム・カミンズ（Jim Cummins）が数年前から推進している「言語間の転移のための教育（Teaching for crosslinguistic transfer）」（Cummins, 2008）という概念が，統合的教授法と同型的である。複言語・異文化間教育と多元的アプローチの原理は，カミンズが近年，「言語間のトランスランゲージング理論（Crosslinguistic Translanguaging Theory）」と呼ぶものと多くの共通点を持っている（Cummins, 2021）[1]。

　さらに言語教育学では，「仲介」（mediation）の概念が使われることが増えた。これは人文・社会科学の様々な領域できわめて多義的に用いられる用語で，言語教育学においてもやはり多義的であるが，ここでは，この用語の最も明確な用法の一つである「言語間の仲介」に焦点を当てる。CEFR における「仲介」の定義とは，「翻訳，要約，報告など，ある言語を理解できない人に，その言語で書かれた文章，または話された文章を，その人に理解できる言語で再構成して提供する活動」（Conseil de l'Europe, 2001: 18）であった。言語間の仲介を学習の手段としてみるならば，言語教師の多くが実践していることと強い関連が見られる。いずれの場合も学習者の（構築中の）複言語レパートリーのうち，（少なくとも）2 つの言語に取り組み，2 つの言語のいずれかを習得するための学習活動である。このような意味で言語間の仲介は，学習者が自分の持つレパートリーの言語間のリンクを確立することにつ

1　カミンズはここで「トランスランゲージング」の用語を用いてはいるが，英語，スペイン語など，個々の言語には認知的な現実性があると認めている。これはオフェーリア・ガルシア（Ofelia García）らに代表される「言語学者に名付けられた言語は社会的構築物であり，実際には存在しない」との認識論的立場をとる「一元的トランスランゲージング理論（Unitary Translanguaging Theory）」とは大きく異なる立場である。

ながっており，統合的教授法の1つの次元を構成する。違いは，統合的教授法が観察と省察とを重視するのに対し，言語間の仲介はコミュニケーションの実践に関わるという点である。

3.　統合的教授法：日本の大学での初修外国語に導入する

　日本の大学の初修外国語のクラスでは，学習対象になっている言語のみに集中して教えようとする場合もあれば，学習者がすでに習得したか，習得途中にある言語を参照して教える場合もある。日本ではほぼ100％の大学生が日本語を母語とし，かつ英語を何年もかけて学習してきているので，学習者の言語レパートリーには日本語と英語がある。それでは，これらの「学習者がすでに持っている複言語レパートリー」は，実際の教室ではどれほど活かされているだろうか。日本の大学のフランス語教育を事例として考えてみたい。

　日本の大学で用いられている初級用フランス語の教科書や参考書をみると，英語や日本語をどの程度参照するかという点で様々な立場がある。英語についてみると，次の3つのパターンがあり，1と3を二つの極として，グラデーションを描いている。

1. フランス語と英語の比較を前面に打ち出すもの
2. フランス語と英語の比較を適宜行うもの
3. 英語についての言及を一切行わないもの

　1.は，英語との比較が非常に有用であると主張する教科書や参考書が該当する。たとえば久松健一による『英語がわかればフランス語はできる！』(1999) という参考書は，「はじめに」で「これまで英語を学習してきた経験を生かし（あるいはその反省に立って），英語とフランス語の異同に気を配りながら学習を進めれば，必ず成果はあがります」と述べ，すべてのフランス語の基本例文に，和訳に加えて英訳を提示している。また1996年の滑川明彦・前川泰子による教科書『*Le français par l'anglais* 英語でわかるフランス語』には，基本例文に和訳に加えて英訳が添えられるとともに，文法項目の説明において英語との類似性がたびたび指摘される。この教科書の前文に

は次のようにある。

> 「今までのフランス語の学習では，フランス語の言語としての素晴らしさが強調されて，なるべく英語を無視しフランス語のみを，ただひたすら，やみくもに覚えようとする傾向がありました。しかし，世界の共通語となりつつある英語を軽視するのは片手落ちでしょう。加えてせっかく長年かけて覚えた英語がもったいないではありませんか」
>
> （滑川・前川, 1996, 前文）

　実際，日本のフランス語の教科書は英語に言及しないものが多い[2]。これに該当するのが 3. であり，日本で用いられている多くのフランス語教科書が，対応する英文や，英文法についてまったく言及していない。オンライン教材でも，たとえば東京外国語大学がオンラインで提供する言語モジュール[3]では，冠詞であれ，条件法であれ，英語については一切触れない。文字通りフランス語「だけ」を対象言語として，日本語で記述されている。

　1. と 3. の中間的な立場に位置するものが 2. である。教科書としてたとえば大木充・西山教行・ジャン＝フランソワ・グラヴィアニによる『グラメール・アクティーヴ』があるが，このオンライン教材[4]では，毎回英訳が提示されるわけではないものの，しばしば英語および日本語との対比を行いながら解説が行われる。たとえば補語人称代名詞の語順を説明する部分では，英語では人称代名詞が動詞の後にくるが，日本語の会話文では主語も目的語も不要となりうることが指摘され，学習者のすでに知っている複数の言語との比較を促すようになっている。また，フランス語文法のオンライン版参考書ともいえる「北鎌フランス語講座」では，頻繁に英文法への言及が行われている。その意図は次のように説明されている。

> 「日本人は，いやでも義務教育で一定時間を拘束され，英語を勉強させられるので，どんなに英語ができない人でも，英語について漠然とし

2　初修外国語において「英語を扱わない」傾向は日本のフランス語教育に限らない。

3　<http://www.coelang.tufs.ac.jp/mt/fr/>（2021 年 11 月 1 日参照）

4　<https://text.asahipress.com/text-web/france/active_call/>（2021 年 11 月 1 日参照）

たイメージは持っているはずです。その知識を活用しない手はありません。[中略]　本ホームページでは，日本人なら義務教育で習って記憶の底に眠っているはずの英語の知識を活用しながら，日本人向けの教育法を構築することを目指しました。」[5]

　教科書や参考書における英語への言及の有無についてみたが，教科書における記述がどうであれ，おそらくは日本でフランス語を教える教師の大多数にとって，教室で英語に言及する経験は少なくないだろう。学習者から「英語ではこうなのに，なぜフランス語では違うのか」という発問が出ることはよくあり，教師はそれにこたえる必要があるためである。しかし，英語を用いることがフランス語教育にとって正当化される理論的な根拠とは何か，さらに，英語との比較をといっても，英訳を見せるだけで十分なのか，教室ではどのような活用の仕方が有効なのかについて，それらを説明するための理論的枠組みはこれまで体系的には提供されてこなかった。さらに，初修外国語の時間数が減少傾向にあり，必然的に文法や精読の時間が制約される中で，「本来はフランス語に時間を割くべきなのに，別の言語である英語に言及していてよいのか」と不安に感じる教師がいてもおかしくない。

3.1　事例 1：時制
　筆者の一人は勤務する日本の大学のフランス語の授業において，統合的教授法を授業に取り込んでいる。ここで実際のクラスでの実践例を見ながら，その教育的意義を考えたい。以下は 2021 年度後期に 2 年生以上が受講できる選択制の授業（参加者 14 名）で行われた授業の一部である。この授業は日本語を用いてフランス語の文法事項を説明し，演習を行うことを目的としたものである。
　表 2 は「それぞれの文で，日本語の文と同じになるよう，[ ]の中の動詞を適切な時制，半過去，複合過去，大過去から選んで置き換えよ」という練習問題である。

5　<http://class.kitakama-france.com/index.php?presentation>（2021 年 11 月 1 日参照）

表2　典型的なフランス語の時制の練習問題

①	以前，私の家族はお金持ちでした。[être]
	Avant, ma famille（　）riche.
②	私が着いた時には，母は死んでしまっていた。[être]
	À mon arrivée, ma mère（　）morte.
③	10 年間，私たちはパリに住んでいた。[habiter]
	Pendant 10 ans, nous（　）à Paris.
④	彼女が映画館に着いたとき，映画は始まるところだった。[arriver; commencer]
	Quand elle（　）au cinéma, le film（　）.

　この問題に学生が取り組んだあと，答え合わせとして，それぞれの場所でなぜその時制が選ばれるべきであるかを文法的に説明する。ここまでは対象言語のみに関する練習問題であり，典型的な外国語授業の展開と考えられる。

　しかしこのクラスでは，問題文の日本語と，それに対応するフランス語に加え，さらにここに英語訳を足して，注目すべき点を下線で示し，3言語を並べて観察および比較の対象とした（表3）。具体的には次のように指示をし，観察に基づいた省察を促した。「日本語，英語，フランス語の文章を見比べて，気づいたことを言ってみましょう。この日本語と英語の知識を使って，フランス語の「時制」をよりよく学ぶにはどうしたらいいでしょうか。」

表3　統合的教授法：時制を3言語で比較する

1	以前，私の家族はお金持ちでした。
	Avant, ma famille <u>était</u> riche.
	Before, my family <u>was</u> wealthy. / My family <u>used to be</u> wealthy.
2	私が着いた時には，母は死んで<u>しまっていた</u>。
	À mon arrivée, ma mère <u>était</u> morte.
	When I arrived, my mother <u>had</u> already <u>passed</u> away.
3	10 年間，私たちはパリに住んでいた。
	Pendant 10 ans, nous <u>avons habité</u> à Paris.
	For 10 years, we <u>lived</u> in Paris.
4	彼女が映画館に<u>着いた</u>とき，映画は始まるところだった。

| Quand elle _est arrivée_ au cinéma, le film commençait. |
| When she _arrived_ at the cinema, the film _was starting_. |

　このような複数言語についての質問は，多元的アプローチの一つ「言語への目覚め活動」でもよく行われるもので（大山，2016），質問が適切であれば，外国語にあまり触れたことのない小学生であっても，このような活動に十分に取り組むことができる。大学生にももちろん不可能ではなく，しかも簡単すぎる課題でもない。

　学生を少人数のグループに分けて気がついたことの結果を代表者に共有してもらったところ，次のような意見が表れた。

- やはり英語からフランス語を考えるのが楽だと思う。時制についてもそうだが，語順について特にそう思う。
- フランス語の複合過去は，英語では過去形や現在完了の価値を持つ。半過去は，過去進行形や過去形の価値を持ちうる。フランス語の時制をよく学ぶには，日本語からフランス語に直接行くよりも，とりあえず英語にしてからフランス語にするほうがよいのではないか。
- フランス語や英語は時制に厳しいことがわかった。日本語はそうでもない。他のグループとは異なり，日本語からフランス語を直接考えるほうが楽だと思う。フランス語に対応する英語の時制がたくさんあり，それだけで混乱しそうだから。

　学習者はこれまでの大学でのフランス語学習では，日本語とフランス語のみを観察の対象としてきたが，レパートリーの中にある英語を加えて3言語を同時に比較することにより，日本語と英語からみたフランス語，さらにフランス語と英語からみた日本語の特徴に新たに気づいて報告している。統合的教授法を体験して，この時点ではフランス語を覚えるときに英語を経由するべきかどうかについて学生の意見が分かれているが，方略について考察し，その理由を自分自身で言語化することによって，その時点までに自分が捉えた複数言語の構造の違いと学習方略とを意識化し，自分自身で「統合している」点が重要である。

3.2　事例2：条件法

　次の事例は初めて条件法を学ぶ学生に文法項目を解説する際に，統合的教授法を行ったものである。まずは日本語の文章から提示した（表4）。

表4　日本語の助詞の観察

①	宝くじが当た<u>ったら</u>，世界一周旅行をしたいなあ。
②	3時になっ<u>たら</u>，コーヒーでも飲みに出ます。
③	授業が終わっ<u>たら</u>，帰ります。
④	デパートに行っ<u>たら</u>，休みだった。

　以上の日本語の文章はすべて下線部の助詞「たら」を含むが，助詞の意味機能は異なる。日本語母語話者である学習者の多くは普段はこのような形で助詞「たら」の多機能性を意識していない。しかし英語の「仮定法」に相当する言葉はどれかと尋ねたところ，①のみが仮定法に該当するとの答えが得られた。学習者は，日本語の文の性質が違うことを意識化できている。この時点で，①は日本語文法で「仮定条件」，②は「確定条件」と呼ばれることを紹介した。次に，学生の協力を得ながら，すべての文章を英訳した。結果が表5である。

表5　日本語と英語の文の観察

①	宝くじが当た<u>ったら</u>，世界一周旅行をしたいなあ。
	If I won the lottery, **I'd like to** go on a round-the-world trip.（仮定法現在）
②	3時になったら，コーヒーでも飲みに出ます。
	At three o'clock, **I'll** go out for a cup of coffee.（直説法未来形）
③	授業が終わったら，帰ります。
	I go home **after** the class.
⑤	デパートに行ったら，休みだった。
	I went to the department store, **but** it was closed.

　ここで，学習者に日本語と英語を比較しながら，気が付いたことを言語化するよう求める。学習者たちは協働で話し合い，日本語の助詞「たら」が多義的であること，英語では時制がよりはっきりすることなどを挙げる。最終的には，特に①の日本語と英語をよく比較することにより，教室の意見を集約して，「英語では常に文法的標識により，仮定条件とそれ以外の条件の違い

を区別しなくてはいけない。日本語には，英語とは異なり，仮定条件かそうでないかを区別する文法的標識がない」との観察に至った。ここまできてようやく，表6のように教師が日本語，英語に加えてフランス語を導入する。

表6　統合的教授法：仮定を表す文を3言語で比較する

時間があったら，フランス中を旅行するのに。
If I **had** time, I **would** travel all over France.
Si j'**avais** le temps, je **voyagerais** dans toute la France.

　事例1と同様，省察のために，「日本語，英語，フランス語で「仮定条件」を表現した文章を観察し，フランス語の仕組みについて理解したことを言葉にしてみてください」と指示し，グループで話し合ってもらう。話し合いの結果，出てきたのが次である。

- ・日本語は仮定条件を表すとき，過去形を使わなくても大丈夫だった！
- ・英語，フランス語では if や si が必要だが，日本語には「もしも」という言葉すら必須ではない。
- ・条件節では，英語・フランス語は過去形といっても，フランス語は完了ではなくて半過去だった。帰結節では，英語は助動詞 would を使うが，フランス語は動詞自体が変化する。

　ここでもやはり，新しく学ぼうとするフランス語に，レパートリーの中にある日本語と英語を加え，3言語を同時に比較することにより，日本語と英語からみたフランス語，さらにフランス語と英語からみた日本語の特徴に新たに気づいて報告していることがわかる。複数言語の観察に基づく発見的で分析的な省察活動を通して，学生はフランス語の機能を，自分が知っている分析のための言葉を使って自分のものにしているように思われる。統合的教授法とは，「外部（教科書や参考書など）に正確に書かれた文法項目を覚える」ことではなく，「自分の持っている複数の言語を参照しながら，新しい言語機能を調節していく過程」に焦点を当てるものであり，学習者のコメントから，そのプロセスが顕在化されていることがわかる。

3.3　懸念とそれへの回答

　フランス語教育に，別の外国語である英語を用いることについては，いくつかの懸念が呈されることがある。具体的に検討してみたい。

　第一の懸念は「自分の学生は英語もろくにできないので，英語との比較などできない」というもの，第二の懸念は「統合的教授法がうまくいくのは学習者が母語の「文法」に関する知識を確実に持っている場合だけだろう」というものである。特に後者は日本だけではなく，国外でも広く言われることである。

　日本の国語科の文法カリキュラムについて，学習指導要領を検討すると，小学校の国語科では文の組み立てや語順，主語と述語の関係などについて学習するが，文法用語はあまり用いない。中学校の国語科では，第1学年で「単語の類別について理解するとともに，指示する語句と接続する語句の役割について理解を深めること」，第2学年で「単語の活用，助詞や助動詞などの働き，文の成分の順序や照応など文の構成について理解するとともに，話や文章の構成や展開について理解を深めること」を教えるとあるが[6]，そのような文法項目が中心となる時間数を考えると，1年に1～3時間程度と考えられる[7]。すなわち，日本の学習者が「文法」の概念に触れるのは，国語を通してよりも，英語を通して触れるほうが圧倒的に多い。つまり文法を教えるとき，あるいは文法を意識させながら教えるとき，教師が英語に触れるかどうかによらず，学生は無意識的に英語を思い出すことになる。

　したがって，フランス語と英語という2つの言語のリンクを作ることを教師が目指すかどうかによらず，学習者は新たな言語を学ぶとき，すでに学んだことのある外国語である英語に無意識に頼ることになる。ここでもし教師が英語とフランス語のリンクを作る手助けをしなければ，学習者は，特に外国語に対して敗北意識を持つ場合には，そもそも不安定な地盤に，たった一人で立つことになるだけである。英語に劣等感があるとして，それに触れ

6　文部科学省　学習指導要領「生きる力」<https://www.mext.go.jp/a_menu/shotou/new-cs/index.htm>（2021年11月1日参照）

7　たとえば日本の代表的な国語科の教科書である光村図書のサイトより，国語の教科書の教科別資料を参考にした。<https://www.mitsumura-tosho.co.jp/kyokasho/c_kokugo/material/1nen.html>（2021年11月1日参照）

ないようにしても，問題は解消するわけではない。

　複言語・複文化能力の考え方に基づけば，新しい言語システムは，学習者の能力の中で，すでにあるレパートリーとの関係で構築される。第二外国語の教師は，この構築の場に寄り添う必要があるだろう。すでにそこにあるレパートリーのある部分が脆弱であれば，それを強化する手助けをするほうがよいのではないか。なぜなら，そうしなければ，この脆弱性によって弱い位置にとどめおかれるのは他ならぬ第二外国語だからである。

　統合的教授法で提唱されている「言語の比較」とは，いわゆる伝統的な意味での国文法やフランス語文法で習うような「文法」知識に基づくのではなく，むしろ比較したい言語の文の観察に基づく。すなわち，意味が変わると形が変わり，形が変わると意味が変わることを意識化することに焦点が置かれる。このために教師は，まず学習者がこの作業をするのを助け，最終的に学習者がこれを自分でできるよう助けることが必要である。

　統合的教授法への第三の懸念として，言語間の干渉，つまり「負の転移」に関するものがある。英語を意識化することで，「正しいフランス語を学ばなくてはいけないのに，そこに英語が混ざってしまう」ことに対する懸念である。これは，言語を学習する際に言語同士を「隔離」しておく大きな理由であり続けている。この問題について多くの研究がなされているが，統合的教授法のメリットが干渉のリスクをはるかに上回るという見解が多数を占める（Klein, 2007）。また第二言語，第三言語と学習していく中で，転移にとってどの言語が最も重要な役割を果たすことができるかを調べた Manno（2009）によれば，第一外国語は第二（以降）外国語の学習に重要な役割を果たし，特に言語間の距離が近い場合にはその効果が高いと示唆された。これは，日本人のフランス語学習者のレパートリーを増やす上で，言語としての英語の重要性を裏付けるものである。

　第四の懸念として，言語間の潜在的な接続は，教師が意図的に行うまでもなく，学習者の中で自動的に行われるのではないか，というものがある。これについては，そもそも学習者が言語間の関連付けを行うことを妨げることはできない（Neuner, 2004: 16, Müller-Lancé 2017: 69）ことが知られている。しかし Müller-Lancé（2003）の研究によれば，学習者自身が，過去に学んだ他の（外国）言語を十分に活用していないことがわかった。教師だけでなく，

多くの学習者が，干渉を恐れ，あえて言語間の「橋渡し」をしていないのである。このことは，学習者のレパートリーの中にある他の言語に対して，教師が受動的であってはならないということを示す。ジム・カミンズは1981年にすでに「転移は，教師がサポートし，奨励しなければならない」と述べたが（Cummins, 1981），この教育的課題は現在も続いているのだ。

4.　おわりに

　本章は，複言語教育の一つである統合的教授法について，その理論がバイリンガリズムの心理言語学的研究に基づくものであること，定義が拡張し，様々な言語教育に展開していることをみた。統合的教授法はドイツ語圏や英語圏にも存在し，日本の大学のフランス語教育における実践例を通して，日本でも十分に可能であることをみた。日本で実践する上では特に英語の地位との関係で様々な懸念が考えられるが，いくつかの実証研究を引きながら，学習者の構築中の複言語レパートリーを活かし，言語間のリンクを築くことを助ける点において，統合的教授法を行う価値があることを確認した。

　本章では日本の第二外国語教育の一例として，フランス語教育を取り上げたが，こうした第二外国語教育もまた，社会の変化に直面しつつ，対象言語の学習だけでなく，学習者の現在および将来において常に進化し続ける多言語・異文化間の出会いに備える能力を身につけることを支援する責任を持つ。たとえばフランス語教師は，フランス語を教えることによって，他の言語（ほとんどの場合英語）によって始まった複言語・複文化能力の構築を継続する助けを行うことができる。複言語・複文化能力の構築は，個々の学習者のこれからの経歴によってさらに別の言語で継続していく。このような全体的な視点から教育の一貫した道筋の中の一つの段階として第二外国語教育を位置づけることは，日本における第二外国語教育の地位を守るための方法でもあるだろう。

文　献

Beacco, J.-C., Byram, M, Cavalli, M., Coste, D., Cuenat, M. E., Goullier, F. & Panthier, J. (2016). *Guide pour le développement et la mise en œuvre de curriculums pour une éducation plurilingue et interculturelle.* Strasbourg : Conseil de l'Europe.

Candelier, M., Camilleri-Grima, A., Castellotti, V., de Pietro, J.-F., Lörincz, I., Meißner, F.-J., Schröder-Sura, A., Noguerol, A. & Molinié, M.（2012）. *Le CARAP – Compétences et ressources*. Graz: Centre européen pour les langues vivantes. [http://carap.ecml.at/]

Candelier, M. Escudé, P. & Manno, G.（version provisoire - à paraitre, 2022）. *La didactique intégrée des langues - Apprendre une langue avec d'autres langues ?* Association ADEB.

Castellotti, V.（2001）. *La langue maternelle en classe de langue étrangère*. Paris, CLE International.

Conseil de l'Europe（1973）. *Rapport du Symposium sur les liens entre l'enseignement de la langue maternelle et l'enseignement d'autres langues vivantes*. Strasbourg : Comité de l'enseignement général et technique.

Conseil de l'Europe（2001）. *Le Cadre européen commun de référence pour les langues - Apprendre, Enseigner, Évaluer*. Paris : Didier.

Cook, V.（1991）. The poverty-of-the-stimulus argument and multi-competence. *Second Language Research* 7, 103–117.

Coste, D., Moore, D. & G. Zarate.（1997）. Compétence plurilingue et pluriculturelle. Vers un Cadre Européen Commun de référence pour l'enseignement et l'apprentissage des langues vivantes : études préparatoires. Comité de l'Éducation, Conseil de la Coopération culturelle. Strasbourg : Éditions du Conseil de l'Europe.

Cummins, J.（1981）. The Role of Primary Language Development in Promoting Educational Success for Language Minority Students. In California State Department of Education（Ed.）, *Schooling and Language Minority Students: A Theoretical Rationale* (pp. 3–49). Los Angeles, CA: California State University.

Cummins, J.（2008）. Teaching for transfer: Challenging the two solitudes assumption in bilingual education. In *Encyclopedia of language and education*（pp. 1528–1538）. Boston, MA: Springer [https://docplayer.net/121248790-Teaching-for-transfer-challenging-the-two-solitudes-assumption-in-bilingual-education.html]

Cummins, J.（2021）. *Rethinking the Education of Multilingual Learners: A Critical Analysis of Theoretical Concepts*. Bristol: Multilingual Matters.

De Pietro, J.-F. & Gerber, B.（2015）. Introduction : les approches plurielles des langues et des cultures. *Babylonia*, 2, 6–7.

Fonseca, M. & Gajo, L.（2016）. *Apprendre dans le plurilinguisme : contact, intégration et alternance de langues en intercompréhension intégrée*. Domínios de Lingu@gem 4（10）. 1481–1498. https://doi.org/10.14393/DL27-v10n4a2016-13

Gajo, L.（2006）. « D'une société à une éducation plurilingue : constat et défi pour l'enseignement et la formation des enseignants », dans : *Synergies Monde* 1, 62–66.

Grosjean, F.（1985）The bilingual as a competent but specific speaker-hearer. *Journal of multilingual and multicultural development* 6, 467–477.

Herdina, P. & Jessner, U.（2002）. *A Dynamic Model of Multilingualism – Perspectives of*

Change in Psycholinguistics. Clevedon: Multilingual matters.

久松健一 (1999)『英語がわかればフランス語はできる！』駿河台出版社.

Hufeisen, B. & Neuner, G. (2004). *Le concept du plurilinguisme : Apprentissage d'une langue tertiaire – L'allemand après l'anglais*. Graz &Strasbourg : CELV & Conseil de l'Europe. http://archive.ecml.at/documents/pub112f2004hufeisenneuner.pdf

Jaurès, J. (1911). Méthode comparée. *Revue de l'enseignement primaire*, n° 3, p. 13.

Kelly, M. (2019). Language Awareness in a Comprehensive Approach to Language Teaching and Learning, *Journal of e-Learning and Knowledge Society*, v.15, n.1, 37–54.

Klein, H. G. (2007): "Où en sont les recherches sur l'eurocompréhension?" http://www.eurocomresearch.net/lit/Klein%20FR.htm

Klee, P. & Cuenat, M. E. (2011). *Brücken zwischen Young World und envol : unterwegs zur Mehrsprachigkeit*. St. Gallen : Kantonaler Lehrmittelverlag.

Kursiša, A. & Neuner, G. (2006). *Deutsch ist easy – Methodische Grundlagen für Deutsch nach Englisch*. Ismaning: Hueber.

Lüdi, G., & Py, B. (1986/2002). *Etre bilingue*. Berne : Peter Lang.

Manno, G. (2009). Französisch nach Englisch: Überlegungen zur Tertiärsprachendidaktik. In A. Metry, E. Steiner & T. Ritz (Hrsg.), *Fremdsprachenlernen in der Schule* (pp.129–144). Bern: hep-Verlag.

Moore, D. (2006). *Plurilinguismes et école*. Paris : Didier.

Müller-Lancé, J. (2003). *Der Wortschatz romanischer Sprachen im Tertiärsprachenerwerb. Lernerstrategien am Beispiel des Spanischen, Italienischen und Katalanischen*. Tübingen: Stauffenburg.

Müller-Lancé, J. (2017). Sprachvernetzung: Neuronale, kognitive und didaktische Implikationen für das Projekt „Latein Plus". In M. Frings, S. E. Pfaffenholz & K. Sundermann (dir..), *Vernetzter Sprachunterricht. Die Schulfremdsprachen Englisch, Französisch, Griechisch, Italienisch, Latein, Russisch und Spanisch im Dialog. Akten einer Fortbildungsreihe des Bildungsministeriums und des Pädagogischen Landesinstituts Rheinland-Pfalz* (pp. 55–90). Stuttgart: ibidem.

Meißner, F.-J., Meißner, C., Klein, H. & Stegmann, T. D. (2004):*EuroComRom – Les sept tamis: lire les langues romanes dès le départ*. Aachen: Shaker. 7–140.

Neuner, G. (2004). Le concept de plurilinguisme et la didactique de langue tertiaire. In Hufeisen, B. & Neuner, G. *Le concept de plurilinguisme – Apprentissage d'une langue tertiaire*. Strasbourg : Conseil de l'Europe.

Tabouret-Keller, A. (2011). *Le bilinguisme en procès, cent ans d'errance (1840–1940)*, Limoges : Lambert Lucas.

滑川明彦・前川泰子 (1996).『Le francais par l'anglais 英語でわかるフランス語』第三書房.

大木充・西山教行・ジャン＝フランソワ・グラヅィアニ (2009).『グラメール・アク

ティーヴ』朝日出版社.

大山万容 (2016). 『言語への目覚め活動―複言語主義に基づく教授法―』くろしお出版

Roulet, E. (1980). *Langue maternelle et langue seconde. Vers une pédagogie intégrée.* Paris : Hatier et Crédif.

あとがき

西山教行

　本書は，2020 年 11 月 22 日から 23 日にかけて Zoom による遠隔形式で開催された国際研究集会 2021「ひとつの言語教育から複数の言語教育へ—CEFR からみた日本語，英語，外国語教育の連帯と協働」をもとに編集した論集である[1]。当日に発表された講演や発表の論文とは国際研究集会の趣旨に沿う範囲での若干の異同がある。

　複言語主義が日本で話題になるのは，CEFR 日本語版が刊行された 2004 年以降のことだが，CEFR はもっぱら共通参照レベルや例示的能力記述文の装置として周知された。そして残念ながら現在もその傾向を否定できない。複言語主義が語られるようになるのは，それから数年が経ってからのことだ。

　コロナ禍は市民や学生の移動を制約し，CEFR の企図した移動の推進を妨げてきた。しかし，CEFR は人間の移動を促進するための道具だけではない。複数の言語教育に共通する評価装置や教授法など，これまで個別に考えられてきた言語教育の連携を図り，協働を進める装置も提示してきた。

　CEFR はヨーロッパで制作された教育資材であり，特定言語に限定されない共通参照レベルや例示的能力記述文等が外国語教育を刷新する可能性のある装置であることに間違いない。しかし複言語主義についてはどうだろうか。確かにこの用語は CEFR のなかで多言語主義との対比のうえで規定され，個人の保持する複数言語の能力を意味するようになった。とは言え，個人が複数言語の能力を保持し，使用するようになったのは CEFR の登場に始まるものではない。

　スイスの言語心理学者グロジャンの明言するように，全世界の人口の 3

---

[1]　国際研究集会 2021「ひとつの言語教育から複数の言語教育へ—CEFR からみた日本語，英語，外国語教育の連帯と協働」の模様は京都大学 OCW より視聴できる。
https://ocw.kyoto-u.ac.jp/course/974/

分の 2 は何らかの形でのバイリンガル，すなわち複数言語の使用者である[2]。このような言語使用の実態は CEFR の貢献ではない。むしろ CEFR やバイリンガリズムといった言語教育思想が人間の複数言語使用に光を当て，それを積極的に評価するようになったことから浮かび上がった実態にほかならない。その点では「複言語主義」の創出が複言語話者を社会的に構築し，承認したのである。

　外国語教育研究は諸学のなかでもとりわけ輸入学問の様相が濃く，日本は依然として西洋由来の知の輸入に汲々としているようだ。とは言え，言語使用の現実は輸入の産物ではなく，土着性を伝えるもので，その中には複言語話者の存在も含まれる。これには方言と標準語の組み合わせといった，これまで言語教育の注目することの少なかった言語活動が含まれるのだが，複数の言語変種の共存という意味でこのような人々はまぎれもなく複言語話者である。CEFR の投げかけた複言語主義は注目されてこなかった現実にも光を投げかける。

　本書は，CEFR の，またそれを承けた言語教育政策の提示する学習モデルが現実の教育現場にどのように響いているのかを考察する。これと同時に，複言語主義が単なる移入ではなく，発見すべき価値としてどのように承認されているのかを考える一助となることを願ってやまない。

　本書の刊行にあたっては，くろしお出版の池上達昭さんに御高配をいただいた。ここに記して，深謝のしるしとしたい。

2　フランソワ・グロジャン（2018）西山教行監訳，共訳者（石丸久美子，大山万容，杉山香織）『バイリンガルの世界へようこそ—複数の言語を話すということ』勁草書房，248 p.

著者・訳者略歴（執筆順）

大山 万容（おおやま まよ） 編者　まえがき・第9章・第6章訳
大阪公立大学文学研究院講師。専門は言語教育，複言語教育。著書に『多言語化する学校と複言語教育』（共編著，明石書店，2022），『言語への目覚め活動―複言語主義に基づく教授法―』（単著，くろしお出版，2016），翻訳に『バイリンガルの世界へようこそ』（フランソワ・グロジャン著，共訳，勁草書房，2018），論文に "Quand l'Éveil aux langues rejoint la poésie plurilingue. Explorations esthétiques à l'école élémentaire au Japon"（共著，www.forumlecture.ch, 2022）など。

西山 教行（にしやま のりゆき） 編者　あとがき・第1章
京都大学大学院人間・環境学研究科教授。専門は，言語教育学，言語政策，フランス語教育学，フランコフォニー研究。日本フランス語教育学会会長。著書に『多言語化する学校と複言語教育』（共編，明石書店，2022），『CEFRの理念と現実 理念編』『同 実践編』（共編，くろしお出版，2021），翻訳に『多言語世界ヨーロッパ』（クロード・トリュショ著，共訳，大修館書店，2019），『バイリンガルの世界へようこそ』（フランソワ・グロジャン著，共訳，勁草書房，2018），論文に，「CFERはなぜわかりにくいか」（共著，『言語研究』53, 2014）など。

Marisa Cavalli（マリア・カヴァリ） 第2章
イタリア・アオスタでの中学校フランス語教師を経て，アオスタ渓谷地域教育研究所（IRRE-VDA）へ出向，その後，欧州評議会を含む様々な国際的研究プロジェクトに専門家として従事する。主著に *Education bilingue et plurilinguisme: le cas du Val d'Aoste*（LAL Didier: Paris, 2005）。共著に『複言語・異文化間教育のためのカリキュラム開発・実践ガイド』など。少数派言語教育研究に長く取り組み，最近はダニエル・コストと協働で学校における言語の複層性に関するテーマに取り組んでいる。

倉舘 健一（くらだて けんいち） 第2章訳
慶應義塾大学総合政策学部講師。専門は，言語教育学，フランス語教育学，メディア教育学，フランス語教育史研究。論文に « Curriculum commun à plusieurs langues»（*Revue japonaise de didactique du français*, 11, 2016），翻訳に「外国語教育を支える異文化間能力の育成」『グローバル化のなかの異文化間教育』（ダニエル・コスト著，明石書店，2019），「言語教育の視野を広げる」（エンリカ・ピカルド，ブライアン・ノース，トム・グディア著），「「亡霊へのシンパシー」と言語概念認識の歩み」（エマニュエル・ユヴェール著）『CEFRの理念と現実 理念編―言語政策からの考察―』（くろしお出版，2021）など。

奥村 三菜子 (おくむら みなこ)　第 3 章

NPO 法人 YYJ・ゆるくてやさしい日本語のなかまたち，副理事。専門は，日本語教育，継承日本語教育。著書に『日本語教師のための CEFR』(共編著，くろしお出版，2016)，『親と子をつなぐ継承教育―日本・外国にルーツを持つ子ども―』(第 3 部 12 章担当，くろしお出版，2019)，『日本語を教えてみたいと思ったときに読む本』(共著，コスモピア，2022)，論文に「CEFR Companion Volume with New Descriptors における「仲介」に関する考察」(共著，『日本語教育』178, 2021) など。

大木 充 (おおき みつる)　第 4 章

京都大学大学院人間・環境学研究科名誉教授。現在の専門は外国語教育学，特に日本人フランス語学習者の動機づけと複言語・異文化間教育研究。共編著に『マルチ言語宣言―なぜ英語以外の外国語を学ぶのか―』(京都大学学術出版会，2011)，『異文化間教育とは何か―グローバル人材育成のために―』(くろしお出版，2015)，『グローバル化のなかの異文化間教育―異文化間能力の考察と文脈化の試み―』(明石書店，2019)，『CEFR の理念と現実 理念編』『同　実践編』(くろしお出版，2021)

西島 順子 (にしじま よりこ)　第 5 章

大分大学教育マネジメント機構国際教育推進センター講師。専門は言語教育，言語政策。そもそも日本語教育を専門とするが，近年はイタリアの言語教育や言語政策における複言語教育を研究。論文に「1970 年代のイタリアにおける民主的言語教育の構築―トゥッリオ・デ・マウロの構想した言語教育と plurilinguismo ―」(『人間・環境学』27, 2018)，「近現代イタリアにおける言語状況と言語政策の展開：トゥッリオ・デ・マウロの民主的言語教育の創出まで」(『日伊研究』58, 2020) など。

Danièle Moore (ダニエル・モーア)　第 6 章

カナダ・サイモン・フレイザー大学卓越教授。フランス・ソルボンヌ大学 (パリ第 3 大学) 研究主任 (DILTEC-EA2288)。現在の研究テーマは，子どもを対象とした複言語・複文化能力の発達と言語教育。様々な地域での家族，コミュニティ，博物館，学校との協働を行っている。京都大学大学院人間・環境学研究科の特別客員教授を経て，現在はカリキュラム開発と教員養成の両面から研究を行っている。

森 篤嗣 (もり あつし) 第7章

京都外国語大学外国語学部教授。専門は，日本語学，日本語教育学，国語教育学。著書に『日本語の乱れか変化か―これまでの日本語，これからの日本語―』(金澤裕之・川端元子と共編著, ひつじ書房, 2021)，『授業を変えるコトバとワザ』(単著, くろしお出版, 2013)，論文に「学校教育における「共生社会のためのことばの教育」の可能性」(単著,『共生社会のためのことばの教育―自由・幸福・対話・市民性―』明石書店, 2022) など。

山本 冴里 (やまもと さえり) 第8章

山口大学国際総合科学部・東アジア研究科教員。専門は日本語教育・複言語教育で，特に興味のある概念は「境界」と「周縁」。著書に『戦後の国家と日本語教育』(くろしお出版, 2014)，翻訳に『言語の多様性から複言語教育へ―ヨーロッパ言語教育政策策定ガイド―』(欧州評議会著, くろしお出版, 2016)，編著に『複数の言語で生きて死ぬ』(くろしお出版, 2022) がある。

Michel Candelier (ミッシェル・カンドリエ) 第9章

フランスのル・マン大学名誉教授 (言語教育学)。Evlang (小学校での言語への目覚め活動) や欧州評議会による CARAP (言語と文化の多元的アプローチのための参照枠) プロジェクトなど，さまざまな教育レベルにおける複言語教育に関するヨーロッパのプロジェクトのコーディネートを行う。京都大学大学院人間・環境学研究科の特別客員教授を経て，現在は，言語と文化のための多元的アプローチおよび統合的教授法の教師養成に力を注いでいる。

複言語教育の探究と実践

初版第1刷 ── 2023年3月31日

編　者 ────── 西山 教行・大山 万容

発行人 ────── 岡野秀夫

発行所 ────── 株式会社 くろしお出版

　　　　　　〒102-0084　東京都千代田区二番町4-3
　　　　　　［電話］03-6261-2867　［WEB］www.9640.jp

印刷・製本　シナノ書籍印刷　装　丁　仁井谷伴子

©NISHIYAMA Noriyuki, OYAMA Mayo 2023
Printed in Japan
ISBN978-4-87424-942-0 C3080